DELIUS KLASING

Bernhard Bartholmes

KARIBIK
KÜSTEN AUS DER LUFT

Delius Klasing Verlag

Der Autor wie der Verlag übernehmen für Irrtümer, Fehler oder Weglassungen keinerlei Gewährleistung oder Haftung.
Die Fotos dienen zur Orientierung und nicht zur Navigation; sie ersetzen also keineswegs See- beziehungsweise Wassersportkarten und andere nautische Unterlagen.

Fotos auf den Seiten 16 Nr. 2, 18 Nr. 1, 19 Nr. 3, 24 Nr. 1, 25 Nr. 2, 31 Nr. 3, 36 Nr. 3: Dr. Renate Bartholmes

Die Fotos auf den Seiten 80, 97, 104/105, 106/107, 124/125, 128/129, 134/135 (Nr. 1), 174, 180/181, 182/183 (Nr. 1) von Eric Guillemot wurden dem Buch „Escales: Antilles" entnommen.
Mit freundlicher Genehmigung der Editions Gallimard. © Paris 1989.

Foto S. 182 (Nr. 2): Hans-Jürgen Burkard/Bilderberg.

Alle übrigen Fotos und Zeichnungen vom Verfasser.

Die Deutsche Bibliothek – CIP-Einheitsaufnahme

Karibik, Küsten aus der Luft/Bernhard Bartholmes. –
3., aktualisierte Aufl. – Bielefeld: Delius Klasing, 1999
Bis 2. Aufl. u. d. T.: Karibik aus der Luft
ISBN 3-7688-0697-9

3., aktualisierte Auflage
ISBN 3-7688-0697-9

Layout: Ekkehard Schonart
Druck: Kunst- und Werbedruck, Bad Oeynhausen
Printed in Germany 1999

Delius Klasing Verlag, Siekerwall 21, 33602 Bielefeld
Tel.: 0521/559-0; Fax: 0521/559-113
e-mail: info@delius-klasing.de
http://www.delius-klasing.de

INHALT

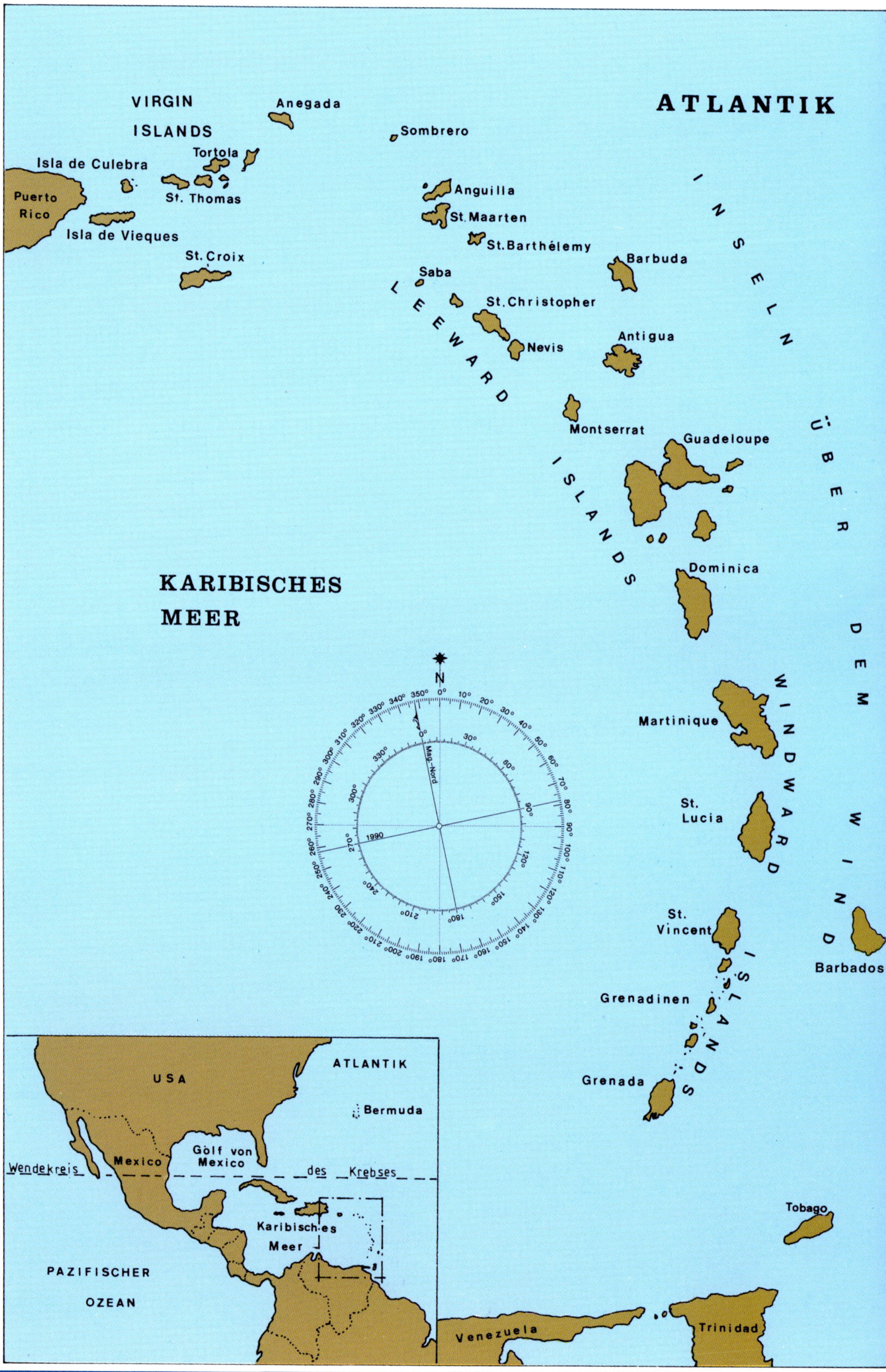
ATLANTIK
VIRGIN ISLANDS
Anegada
Sombrero
Tortola
Isla de Culebra
Puerto Rico
St. Thomas
Isla de Vieques
St. Croix
Anguilla
St. Maarten
St. Barthélemy
Saba
Barbuda
St. Christopher
Nevis
Antigua
LEEWARD ISLANDS
INSELN ÜBER DEM WIND
Montserrat
Guadeloupe
Dominica
KARIBISCHES MEER
N
Mag.-Nord
1990
Martinique
WINDWARD ISLANDS
St. Lucia
St. Vincent
Barbados
Grenadinen
Grenada
Tobago
Trinidad
Venezuela
USA
ATLANTIK
Bermuda
Golf von Mexico
Mexico
Wendekreis des Krebses
Karibisches Meer
PAZIFISCHER OZEAN

EINFÜHRUNG

Der schönste und eindrucksvollste Teil der karibischen Inselwelt ist der Bereich der Kleinen Antillen – eine Kette aus Hunderten von Inseln und Eilanden –, der sich etwa 600 sm weit kreisbogenförmig von Puerto Rico im Norden bis Venezuela im Süden erstreckt: ein kleines Paradies auf etwa 12° bis 19° nördlicher Breite und 060° bis 065° westlicher Länge inmitten des Atlantischen Ozeans und des azurblauen Wassers des Karibischen Meeres.

Vielerorts ist der westindische Inselcharakter, der in der farbenfrohen Architektur der Kolonialzeit seinen Niederschlag findet, erhalten geblieben, obwohl die mit dem rasanten Anstieg der Touristenströme einhergehende moderne Bebauung ganze Küstenzonen verändert hat.

Die Infrastruktur für den Tourismus wurde zwar stark ausgebaut, aber überall findet man sie noch: die palmenumsäumten Buchten mit weißen Sandstränden und mit Wasser so klar wie Gin im Glas und rundherum ein buntes Gemisch von zarten Pastelltönen, von Türkis, Blau und Braun. Die Inselromantik wird noch begünstigt durch die beständig wehenden Passatwinde, die üppige Vegetation, die exotischen Rhythmen und das angenehme tropische Klima – ein Lebensraum, in dem sich der Mensch noch im Einklang mit der großen Uhr der Natur befindet.

Bis auf wenige Inseln wie etwa Anegada, Anguilla und Barbados, die im Laufe von Jahrtausenden von Korallenriff-Formationen gebildet wurden, sind alle anderen vulkanischen Ursprungs – mit subtropischer Vegetation und Regenwäldern bis an die Küsten.

Bunt wie die Natur ist denn auch die Vielfalt der Bewohner in diesem Schmelztiegel unterschiedlichster Rassen: Vom Dänenblond über Irischrot bis zum Kamerunschwarz ist alles vertreten, wobei auf den zum englischen Kulturraum zählenden Inseln die schwarze Bevölkerung dominiert.

Die Kleinen Antillen sind aber auch eine Ansammlung winziger Länder, Kolonien und Mikrostaaten auf engstem Raum, ein geopolitischer Flickenteppich mit kultureller Vielfalt. Die größte Attraktion überhaupt ist der ununterbrochene Passat-Mechanismus, der das Leben in diesem Bereich der Tropen so erträglich macht und immer prall gefüllte Segel im ganzen Gebiet garantiert.

Im englischen Sprachgebrauch werden die Kleinen Antillen in drei Inselgruppen gegliedert: die *Virgin Islands* – das ist der Archipel im Nordwesten mit den Hauptinseln St. Thomas und Tortola sowie den „Anhängseln" Culebra und Vieques im Bereich der Spanish Virgin Islands weiter im Westen –, die *Leeward Islands* von Anguilla bis Dominica und die *Windward Islands* weiter im Süden des Inselbogens von Martinique bis Grenada.

Im deutschen Sprachgebrauch nennt man die beiden südlichen Inselgruppen Leeward-Inseln und Windward-Inseln ihrer Lage zum Nordostpassat entsprechend *Inseln über dem Wind.*

Der Inselbogen der Kleinen Antillen bildet die natürliche Grenze zwischen Atlantik und Karibischem Meer.

Anreise auf eigenem Kiel...

Der klassische Weg in die Karibik ist immer noch die Transatlantiküberquerung auf eigenem Kiel mit dem traditionellen Ausgangspunkt Gran Canaria. Für die etwa 2700 sm lange Passatroute benötigt man eine seegehende Yacht, eine zuverlässige Crew und, je nach Wetterbedingungen, zwischen 18 und 40 Tagen Zeit.

Oft scheitert es an einem dieser Punkte; entweder man hat die Zeit und kein Schiff oder umgekehrt, und so stellt man letztendlich fest, daß „Segelfliegen" doch die angenehmste und kürzeste Art des Reisens ist.

...und via USA per Jet

Die großen „Einfallstore" und Verteilerflughäfen im Transatlantikverkehr sind San Juan auf Puerto Rico *(Condor, American Airlines, British Airways),* St. Maarten *(KLM),* Antigua *(Condor, British Airways),* Guadeloupe/Martinique *(Air France)* und St. Lucia/Barbados *(Condor, British Airways).*

Wer von Europa via USA, New York oder Miami, anreist, muß sich auf einen Umweg mit Zwischenstop in San Juan einrichten. *American Airlines* fliegt mit seiner Tochter *American Eagle* von hier aus im Rahmen einer ausgeklügelten Flugplanung die wichtigsten Inseln im Antillenbogen an.

Air France ist bekannt für günstige Tarifgestaltung, aber mäßigen Service auf den Strecken Paris–Martinique/Guadeloupe. Enger Sitzabstand und häufig Flughafenwechsel in Paris bei Anreise/Rückflug von/nach Deutschland, der Schweiz oder Österreich.

Besonders die *Condor,* der Ferienflieger der Lufthansa, mischt im Karibikgeschäft ganz oben mit und fliegt mehrmals wöchentlich San Juan, Antigua, St. Lucia und Barbados mit dem Flaggschiff der *Condor,* Boeing 767-300ER, an. Ein umfangreiches Leistungsangebot wie Check-in zu Hause, Comfort Class, Kinofilme an Bord und ein aufmerksamer Kabinen-Service sorgen für ein angenehmes Reisen über den Wolken.

Wenn man den Karibikurlaub mit einem Kurzaufenthalt in Florida verbinden möchte, so bieten sich die Flüge der *Condor* nach Fort Lauderdale/Tampa an. Der Weiterflug mit *American Airlines* von Miami aus ist preiswert und auch unkompliziert.

Inselhüpfen mit dem Flugzeug

Der insulare Flugverkehr erfolgt mit kleinen Propellermaschinen in geringen Flughöhen. Dadurch hat man eine atemberaubende Sicht, besonders nach dem Abheben und kurz vor der Landung. Die in Antigua ansässige Fluggesellschaft *Liat* bedient mit ihren betagten *De Havilland Dash 8*-Maschinen praktisch alle Inselflughäfen, von San Juan bis nach Venezuela. Zu den preisgünstigen Tarifen zählen der „Caribbean Explorer" mit drei Destinationen und der „Caribbean Super Explorer" für das gesamte Streckennetz.

Nicht nur im Alltagsleben, sondern auch beim Flugverkehr mit *Liat* muß man sich auf „caribbean time" einstellen. Erhebliche Abflugverspätungen sind an der Tagesordnung. Bei Anschlußflügen, besonders nach USA und dem Transatlantikrückflug nach Europa, sollte man das Verspätungsrisiko bei *Liat* mit einkalkulieren.

Noch ein kurzer Hinweis zum Gepäck: Dieses fliegt zwischen den Antilleninseln nicht immer die Strecke, die sein Besitzer gewählt hat. Man kann dem vorbeugen, indem man beim Einchecken den Zielort auf dem Gepäckanhänger überprüft. Außerdem beruhigt ein kurzer Blick auf den Gepäckwagen beim Einsteigen in den Inselhopper und auch beim Aussteigen die Nerven, und man kann gegebenenfalls noch Alarm schlagen.

1 DIE VIRGIN ISLANDS

DAS IDEALE EINSTEIGER-REVIER

Die Fat Hogs Bay an der Ostküste von Tortola. Die kleine, gut geführte Seabreeze Marina liegt ganz in der Nähe vom internationalen Flughafen Beef Island auf der gleichnamigen Insel.

Die etwa hundert Inseln, Inselchen und aus dem Meer ragende Felsen auf ungefähr 17°45′ bis 18°45′ nördlicher Breite und 064°15′ bis 065°05′ westlicher Länge bilden die Inselgruppe Virgin Islands, auch Jungferninseln genannt.

Christoph Kolumbus entdeckte die Inseln auf seiner zweiten Westindienreise im November 1493 und gab ihnen wegen ihrer Schönheit und Unberührtheit den Namen Ursulinen in Erinnerung an die heilige Ursula, die mit ihren angeblich 11000 Gefährtinnen bei Köln von den Hunnen ermordet wurde.

Der Inselarchipel wurde aufgrund seiner strategisch günstigen Lage und seiner in jeder Beziehung sicheren Naturhäfen im Laufe der Jahrhunderte von den europäischen Kolonialmächten hart umkämpft. Die Spanier verloren ihren Anspruch auf die „Islas Virginales“ Zug um Zug, als der in den Adelsstand emporgestiegene britische Pirat Sir Francis Drake 1595 hier Flagge zeigte und einige Inseln in Besitz nahm.

Die Lage auf den Inseln war jetzt destabilisiert, im Kielwasser von Sir Francis Drake folgten Franzosen, Holländer und wieder die Spanier, und es kam zu erbitterten Kämpfen und häufigem Flaggenwechsel auf den Hauptinseln.

Mit dem Wohlstand kamen die Piraten und Freibeuter, Blackbeard baute Sopers Hole auf Tortola als schier uneinnehmbaren Stützpunkt aus und jagte den Handelsschiffen ihre wertvolle Ladung und die Sklaven ab.

Aber auch die Dänen mischten im Westindiengeschäft und Sklavenhandel mächtig mit. Bereits im 17. Jahrhundert annektierten sie einen Teil der Inseln, unter anderem St. Croix. Unter der Flagge der dänischen Westindien- und Guinea-Kompanie erlebten die Inseln durch den Anbau von Zuckerrohr und Gewürzen mit Hilfe der eingeschleppten Sklaven eine nie dagewesene Blütezeit.

Nach den Sklavenaufständen und dem „Emancipation Act“ von 1834, der das Halten von Sklaven verbot, war der gewinnbringenden Bewirtschaftung der Inseln die Grundlage entzogen, und die Virgin Islands fielen in einen Dämmerschlaf.

Gestützt auf die Monroedoktrin, versuchten die USA aus sicherheits- und wirtschaftspolitischen Interessen, im karibischen Raum Fuß zu fassen. Um der deutschen Kriegsmarine den Seeweg zum Panamakanal zu erschweren, kauften sie 1917 den Dänen ihre Inseln, unter anderem St. Croix, für 25 Millionen Dollar ab und benannten sie um in U.S. Virgin Islands. Im britischen Teil wurde das Kolonialregime allmählich gelockert; die British Virgin Islands haben heute den Status einer Kronkolonie mit innerer Selbstverwaltung.

Die Dampfschiffahrt brachte allmählich den Tourismus hierher; heute werden besonders die Freunde des Wassersports, vor allem die Segler, aber auch Individualtouristen von den natürlichen Reizen der Inseln mit den traumhaft schönen Buchten und der Vielfalt der Erholungsmöglichkeiten angelockt. Schon beim Schwimmen durch die Korallengärten wird der Blick durch die Taucherbrille zum unvergeßlichen Erlebnis.

Aufgrund der „Schutzwallfunktion“ einzelner Inseln bildet sich im Sir Francis Drake Channel kaum Seegang; zudem durch den Passat begünstigt, ist dieser Teil der Karibik das ideale Einsteigerrevier für den Revierneuling. Außerdem hat man hier mit fast allen Inseln Blickkontakt, und das vereinfacht die Navigation.

Wenn man mit der Yacht zwischen den Hoheitsgebieten pendelt, muß man die behördlichen Auflagen befolgen und ausbeziehungsweise einklarieren. Diese Prozedur ist eine unkomplizierte Formalität und nur mit geringen Kosten verbunden. Viele Abläufe basieren hier auf der Grundlage des gegenseitigen Vertrauens; extrem selten werden Yachten in Marinas oder vor Anker von Behörden kontrolliert.

Die Infrastruktur im Marinabereich ist auf fast allen größeren Inseln erstklassig, teilweise sogar vorbildlich, was sich natürlich in den Liegegebühren auswirkt. Pro Tag und Fuß Schiffslänge werden etwa 70 bis 80 Cent berechnet; das verursacht ein Loch in der Bordkasse eines 43-Fuß-Schiffes (13 m) von rund 30 bis 35 US-Dollar pro Tag. Trinkwasser ist vielerorts knapp und wird mi 10 bis 15 Cent pro Gallone extr berechnet.

Preisgünstiger liegt man a den Festmachebojen unmit telbar vor den Marinas; da kostet 10 bis 20 Dollar pro Tag die Bordmüllentsorgung ist i der Regel gratis.

Ich persönlich bevorzuge di einsamen Buchten mit glas klarem Wasser; hier liegt ma zum Nulltarif sicher vor An ker, und am Abend kommt de Fisch in den Ofen, der wenig zuvor noch an der Angel ge zappelt hat. Besonders in sol chen Momenten empfindet ma noch einen Hauch der ur sprünglichen Inselromantik ganz zu schweigen von der Far benpracht der Sonnenunter gänge.

Einklarierungsorte (Customs and Immigrations)

British Virgin Islands (B.V.I.)	
Tortola	Road Town, Government Dock
	Sopers Hole, West End Ferry Dock
	Nanny Cay, Marine Centre
Virgin Gorda	Flughafen
	Virgin Gorda Yacht Harbour
Jost van Dyke	Great Harbour
U.S. Virgin Islands	
St. Thomas	Charlotte Amalie
	Federal Building an der Wasserfront
	Werftseite des Ferry Dock
St. John	Cruz Bay
St. Croix	Christiansted, Werft

B.V.I. Cruising Permit

Charteryachten, die in den Gewässern der British Virgin Islands fahren, unterliegen einer täglichen Steuer, die vor Beginn des Törns bei der Erstellung des Cruising Permits zu entrichten ist.
Die Gebühren betragen

- für Charteryachten, die außerhalb der B.V.I.-Gewässer stationiert sind:
4,00 US-$ pro Person und Tag
- für Charteryachten, die in den B.V.I. registriert sind:
1.12. – 30.04. 2,00 US-$ pro Person und Tag
1.05. – 30.11. 0,75 US-$ pro Person und Tag

ANEGADA
Mosquito Isl.
VIRGIN GORDA
JOST VAN DYKE
Green Cay
Sandy Cay
White Bay
Marina Cay
TORTOLA
Road Harbour
Sopers Hole
SIR FRANCIS DRAKE Channel
ST. THOMAS
Charlotte Amalie
Cruz Bay
ST. JOHN
Coral Bay
PETER ISL.
NORMAN ISL.
US
GB
1-2 kn
VIRGIN ISLANDS
0
5
10
15 sm
Christiansted
Buck Isl.
SAINT CROIX

British Virgin Islands (B.V.I.)

Tortola und Nachbarinseln

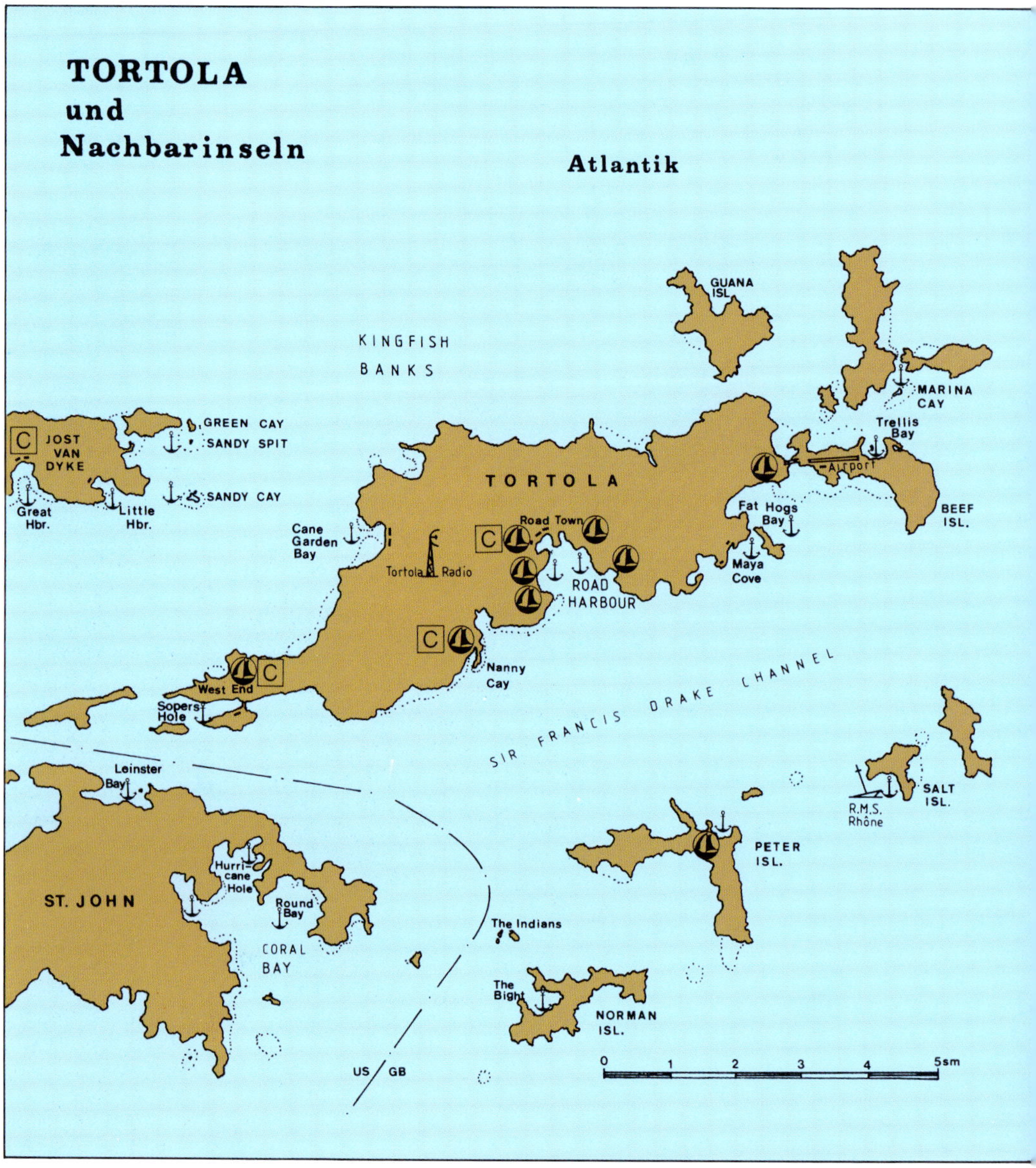

Tortola ist mit einer Fläche von 64 km² die größte Insel im britischen Teil der Virgin Islands.

Road Town im Scheitel der weiträumigen Bucht Road Harbour ist der Hauptort und seit 1741 Hauptstadt der britischen Jungferninseln. Vieles ist nicht mehr von ihr übrig seit den turbulenten Gründungsjahren, als der Sklavenmarkt die Szene beherrschte; Feuer und Hurrikane haben ihren Tribut gefordert, aber eines ist Road Town im Laufe der Jahrhunderte geblieben: die liebenswerte westindische Kleinstadt mit eher ländlichem Charakter, in der man sich schon nach einer Stunde wie zu Hause fühlt.

Entlang der Main Street sind die wichtigsten Gebäude wie Post, Bank, Zoll und Einklarierungsbüro, Gefängnis, Kirche und Supermarkt nur wenige Gehminuten voneinander entfernt. Hochhäuser wird man vergeblich suchen; dominierend im Straßenbild sind immer noch die ein- bis zweistöckigen Holzhäuser mit Fensterläden, Balkon und rotem Holzdach im traditionellen westindischen Stil, farbenfroh angestrichen oder vornehm graubraun verwittert.

Viele Boutiquen, Restaurants und Andenkenlädchen sind in diesen für die Karibik so typischen Häusern untergebracht, so auch das kleine Volkskundemuseum, der Gewürz- und Teeladen Sunny Caribbee, die Lokalzeitung „The Island Sun“ und The Pusser's, ein nautischer Laden mit Bar, der jedes Seglerherz höher schlagen läßt.

Ein Leckerbissen besonderer Art ist das Philatelic-Büro in der Nähe der Village Cay Marina, ein Eldorado für Sammler seltener Briefmarken.

Rund um die Insel gibt es zahlreiche Ankerbuchten, die durch vorgelagerte Korallenriffe geschützt sind.

Eine kleine Brücke verbindet Tortola mit Beef Island, wo auch der internationale Flughafen liegt.

Die Haupteinnahmequelle der etwa 10 000 Inselbewohner sprudelt heute aus der star expandierenden Tourismusbranche, primär aus dem Yachtchartergeschäft und den dazu gehörigen Kleinbetrieben wi Reparaturdienste, Yachtzubehörhandel, Restaurants usw.

Entsprechend höflich un freundlich sind die Bewohne gegenüber ihren Gästen, Kriminalität ist auf den British Virgi Islands (B.V.I.) fast so etwa wie ein Fremdwort.

1 *Eines der schneeweißen Kreuzfahrtschiffe in Road Harbour vor Anker.*

2 *Der Tiefwasserhafen Road Harbour, Zentrum des Yachtsports, kann zeitunabhängig angesteuert werden. Die gut ausgestatteten Marinas innerhalb der geschützten Bucht sind Stützpunkte renommierter Chartergesellschaften und kleiner Reparaturbetriebe. Die Versorgungsmöglichkeiten in Road Town im Scheitel der Bucht und innerhalb der Marinas sind sehr gut, einige Supermärkte liefern die Ware ans Schiff. Das Foto zeigt die im Südwesten der weiträumigen Bucht Road Harbour gelegene Fort Burt Marina (Bildhintergrund) und gleich nebenan Road Reef Marina.*

1 *Drei große Marinas mit viel Atmosphäre. Im nordwestlichen Teil von Road Harbour liegen zwischen Wickhams Cay 1 und Wickhams Cay 2 versteckt Village Cay Marina und Inner Harbour Marina, die links im Bild zu sehen sind, und rechts davon die Basis von The Moorings, der größten Charterflotte der karibischen Inseln. Das Restaurant „Captain's Table" hat eine vorzügliche Küche und ist spezialisiert auf Frischfisch und Krustentiere. Im Columbus Centre nebenan kann man bei „Mr. Fish" bei Kerzenlicht etwas billiger den „Catch of the day" verzehren oder die kreolische Geschmacksrichtung probieren. Die etwa 25 m breite Durchfahrt zum Hafenbecken ist betonnt.*
Steht eine Inselrundfahrt mit dem Mietwagen auf dem Programm: Village Cay ist der ideale Ausgangspunkt, zumal die Yacht hier – in jeder Beziehung – sicher liegt.

2 *Die Road Reef Marina im Südwesten von Road Harbour wurde 1989 in Betrieb genommen (rechts Fort Burt Marina). Die kleine Marina mit nur 40 Liegeplätzen bietet ausgezeichneten Schutz bei Starkwind; wenn bisher Hurrikane über die Insel fegten, gab es an den Yachten nur „kosmetische" Schäden. Verwaltet wird die Marina von Tortola Marine Management Ltd., einer Charterfirma, die auch ihre Yachten hier stationiert hat, was natürlich dazu führt, daß Transitliegeplätze für Gäste Mangelware sind. Die Einfahrt ist betonnt.*

3 *Besonders für die Ansteuerung von Fort Burt Marina und Road Reef Marina ist ein genaues Studium der Seekarte erforderlich. Nordwestlich von Burt Point gibt es mehrere flache Stellen hier in Road Harbour; in einem Jahr mußten 16 Yachten mit Fremdhilfe freigeschleppt werden. Die Marinas verfügen über alle notwendigen Service-Einrichtungen.*

1

2

3

4 *Baughers Bay im Ostteil von Road Harbour. Ist die Marina ausgebucht, kann man gegen eine Gebühr an einer der vielen Marina-eigenen Muringbojen festmachen. Die Benutzung der Service-Einrichtungen im Marinakomplex wie Duschen und Toiletten ist im Preis enthalten. Besonders bei amerikanischen Skippern hat sich herumgesprochen, daß das Dieselbunkern hier unkompliziert ist (easiest fueldock in the B.V.I.), was das Festmachen anbetrifft; deshalb ist die Tankstelle stark frequentiert. Nördlich der Marina befindet sich der Anleger für die Fähre von und nach Peter Island.*

1 Der kleine Yachthafen Prospect Reef Harbour liegt südwestlich von Road Harbour und kann nur von Schiffen mit maximal 1,50 m Tiefgang angelaufen werden. Das zum Hafen gehörende Umfeld bietet allen Komfort wie Hotels, Tennisplätze, Restaurants, Pools, Wäscherei und Fitneßräume. Die Einsteuerung führt durch eine schmale Durchfahrt – bei Südostwindlage problematisch!

2 Nur 2 sm südwestlich von Road Harbour liegt geschützt die Nanny Cay Marina mit etwa 185 Liegeplätzen, jedem erdenklichen Service und allen Bequemlichkeiten für die Yachtcrews. Zwei Restaurants, Wäscherei, Reparaturdienste, eine Segelmacherei und das Einklarierungsbüro sind auf engstem Raum konzentriert im Marinakomplex etabliert. Das Shipchandler-Lädchen ist gut sortiert und hat die wichtigsten Seekarten auf Vorrat. Die Einsteuerung ist unkompliziert, die Riffdurchfahrt ist auf beiden Seiten betonnt.

3 Sopers Hole (West End) war zur Piratenzeit die am besten geschützte Bucht und Stützpunkt der Flotte von Captain Blackbeard, heute ist sie Treffpunkt von Yachten aller Nationen. Im Bild rechts liegt die Sopers Hole Marina. Findet man in der Marina keinen Liegeplatz, kann man in der Bucht frei ankern oder für 20 US-$ an einer Muringboje festmachen. Klein, aber fein präsentiert sich der Charterstützpunkt von Sunsail gleich neben der Marina. Total Quality Management ist das Markenzeichen dieses gut geführten Betriebes. Der Allgemeinzustand der Yachten ist gut, und das Personal – vom Manager bis zum Mechaniker – arbeitet effizient und kundenorientiert und ist mit der „Pingeligkeit“ deutscher Crews bestens vertraut. Ein Musterbetrieb, den man im Charterbereich nicht überall antrifft. Der farbenfrohe Pussers-Komplex gleich nebenan ist eine Augenweide. Der Laden bietet dem Segler und seiner Frau all das, was man schon immer gern haben wollte, und die Open-air-Bar von Pussers mixt nicht nur Pain Killer und Piña Colada, sondern zapft auch Bier vom Faß. Aufgrund der geographischen Lage, der idealen Versorgungsmöglichkeiten (Lebensmittel, Diesel, Wasser) und weil man hier auch die Pässe abstempeln lassen kann, eignet sich dieser Hafen besonders gut als Ausgangspunkt für einen Törn zum amerikanischen Teil der Virgin Islands.

1 *Die Werft West End Slipway (rechts im Bild) in Sopers Hole führt alle Reparaturarbeiten am Schiff durch und ist spezialisiert auf das Restaurieren von alten Holzschiffen.*

2 *Eine beliebte Ankerbucht an der Westküste ist die Cane Garden Bay, häufig für einen Zwischenstop auf dem Weg von West Tortola nach Virgin Gorda eingeplant, wo man in der Regel um das Kreuzen nicht herumkommt. Die Riffdurchfahrt ist durch Tonnen markiert; deshalb kann man bereits bei Büchsenlicht auslaufen, gerät also nicht in Zeitnot, wenn man in den Gorda Sound einsteuern will.*

3

5

4

3+4 *Magischer Anziehungspunkt in Sopers Hole ist der Skippertreff Pussers' Landing, eine malerische Open-air-Bar mit der überdimensionierten Galionsfigur am Eingang. Die „happy hour“ von 17.30 bis 18.30 Uhr lockt die Sailors von ihren Schiffen, denn dann kosten alle Drinks nur einen Dollar, und die neuesten Seglerinfos gibt es gratis dazu.*

Die Brewers Bay gleich ordöstlich der Cane Garden ay an der Westküste ist gespickt mit Korallenstöcken. Deshalb sollte man die Bucht nur unter Maschine und nur bei absolut gutem Wetter und klarem Himmel bei hoher Sonne ansteuern.

Der Inseltraum heißt Marina Cay nordöstlich von Tortola. Das bewohnte Inselchen mit einem sicheren Ankerplatz liegt versteckt wie ein Vogelnest zwischen den Inseln Great Camanoe und Beef Island hinter einem riesigen Korallenriff. Trotzdem kann man auf Überlebenstraining hier verzichten, es gibt alles, auch Eis, Diesel, Wasser und Duschen. Von der Terrasse des Restaurants auf dem Hügel aus zeigt sich die karibische Inselwelt wie in einer Multivisionsschau in den schönsten Farben.
Festgemacht wird an einer der sicheren Muringbojen, oder man wirft den Anker einfach auf den gut haltenden Sand hinter dem Riff, wo Platz ist. Ideale Schnorchelbedingungen findet man im Riffbereich und an der nahegelegenen Küste von Great Camanoe.

1 *Marina Cay von der gegenüberliegenden Richtung aus betrachtet. Die Farben des Wassers erinnern an Atolle und Riffdurchfahrten in der Südsee. Entsprechend ist auch die Farbenpracht unter der Wasseroberfläche. Dem Schnorchler und Taucher eröffnet sich in den lichtdurchfluteten Korallengärten eine Zauberwelt von ungeahnter Vielfalt und Farbenpracht. Zwischen den Korallen, die wie Miniaturfestungen mit Türmchen und Zinnen im Wasser stehen, oder anderen, die wie riesige Geweihe von Elchen aussehen, verstecken sich eine Vielzahl von Korallenfischen in den schönsten Farbkombinationen, als wären sie gerade durch die Farbpalette eines Malers geschwommen. Marina Cay ist der klassische Ankerplatz auf den Virgins, wo man sich ausruht, wo man schnorchelt, wo man hin und wieder ein paar Eiswürfel zu dem Gin Tonic ins Glas wirft und die Seele baumeln läßt. – Der Strom setzt zeitweise stark südöstlich vom Riff.*

2

3

Die kleine, aber gut ge-
·hützte Ankerbucht Trellis
ay an der Nordküste von
eef Island liegt gleich neben
em internationalen Flug-
afen. Von den Blauwasser-
eglern wird dieser Ort gerne
esucht, bevor sie den Kurs in den ruhigen Sir Francis Drake Channel absetzen. Das Restaurant „The Last Resort" auf dem Inselwinzling Bellamy Cay inmitten der Bucht hat einen Namen in Seglerkreisen. Die Einsteuerung ist einfach, die westliche Riffbegrenzung mit einer roten Tonne markiert.

3 Dieser kleinste bewohnte Felsbuckel der British Virgin Islands liegt auf einem Korallenriff inmitten der Trellis Bay und trägt den Namen Bellamy Cay. Auch die Bewohnerzahl ist überschaubar, Tony Snell und seine Frau Jacki – beide Engländer – bewirtschaften ihr Restaurant „The Last Resort", spezialisiert auf Buffet-Dinner. Über UKW-Kanal 16 kann dort ein Tisch reserviert werden.

1 *Ein Tagesankerplatz im Südosten der Insel Great Camanoe, einen Steinwurf von dem Inseltraum Marina Cay entfernt.*

2 *Die Fat Hogs Bay an der Ostküste von Tortola, im Hintergrund der Marina-Stütz punkt von Seabreeze Yacht Charter. Bei südöstlichen Winden ist beim Einlaufen in die Bucht Vorsicht geboten.*

2

3

Die Einfahrt in die Ankerucht Maya Cove an der Südstseite von Tortola ist nur nter Motor und bei hoher 'onne möglich, zumal man icht darauf bauen kann, daß ie Tonnen ausliegen.

Maya Cove – die Bucht ist durch das vorgelagerte Korallenriff gegen Seegang ausgezeichnet geschützt und Basis von Stardust/Sun Yacht sowie Tropic Island Yacht Charter. Man ankert auf 2,50 bis 3,50 m Wassertiefe auf gut haltendem Grund oder macht in der neuen Marina oder an einer der zahlreichen Bojen fest. Ankerlieger müssen für den Weg zum „Pelican Roost Restaurant" zum Happy-arrival-Drink beziehungsweise den Sundowner allerdings ins Beiboot umsteigen.

Völlig von Mangroven umgeben, liegt die Paraquita Bay versteckt und von See kommend kaum auszumachen an der Südseite von Tortola. Der einstige Brackwassertümpel ist heute das sicherste „Hurrikanschlupfloch“ im britischen Teil der Virgins. In die Lagune gelangt man durch die im Bild gut erkennbare extrem enge, aber ausgebaggerte Riffdurchfahrt.

Jost van Dyke

Der Hüpfer von Tortola zu der kleinen, hügeligen Insel Jost van Dyke beträgt nur 3 sm, aber es liegen Welten zwischen diesen beiden Inseln.

Jost van Dyke – das ist die Insel der Seeräuber, die heute noch den Namen eines holländischen Piratenkapitäns trägt, und die Insel der Quäker, deren berühmtester Sohn im 18. Jahrhundert in England die Medical Society of London gründete, der Arzt und Poet Dr. John Lettsom.

Diese Insel mit den cremefarbenen Sandstränden und den drei riffgeschützten Ankerbuchten, wo am Abend das Karibische Meer wie ein Aquamarin funkelt, wirkt auf uns Segler wie ein Magnet auf den Steuerkompaß.

Die Einnahmequellen der 160 Inselbewohner sind die Lobster und Fische aus den Gewässern rund um die Insel, ein sündhaft teures Hotel, wo man ohne Luxus wohnt, einige westindische Kneipen und die spärlichen Devisen aus der Kasse des Einklarierungsbüros.

Neben den Yachtcrews kommen Individualisten und Umweltgeschädigte auf dieses kleine Fleckchen unverdorbener Erde, wo es keine Autos und Verkehrsampeln gibt, weil es auch keine Straßen gibt, und wo jeder jeden kennt. Abends trifft man sich im Open-air-Restaurant „Peace and Love" in Little Harbour bei Reggae und Rum Punch, oder man läuft den Trampelpfad hinüber zu „Foxie's Bar" in Great Harbour.

Jost van Dyke, die „andere" Insel in der Karibik, darf in keinem Virgin-Island-Törnplan fehlen.

1

2

1+2 *Die Traumbucht White Bay an Jost van Dykes SW-Küste macht ihrem Namen alle Ehre: weißer Muschelsand, Palmen bis ans Wasser und bunte Korallengärten, wie man sie sich kaum vorstellen kann. Um zu diesem Ankerplatz zu kommen, muß man zwischen den beiden vorgelagerten Korallenriffen hindurch, die die Bucht vor Seegang schützen.*

3 Den Weg in dieses kleine Paradies in der White Bay weisen typisch karibische Navigationshilfen: ein gut sichtbares schwarz-weißes Quadrat an einer Palme angenagelt und ein ebenfalls schwarz-weißes Dreieck auf dem Dachfirst des Hotels „Sandcastle". Diese beiden Marker in Deckung gebracht, garantiert die sichere Riffdurchfahrt zum Ankerplatz in der White Bay. Die Riffdurchfahrt ist betonnt.

4 Ansteuerung und Einfahrt in die Ankerbucht Great Harbour an der Südseite von Jost van Dyke sind unproblematisch, die besten und ruhigsten Ankerplätze liegen im östlichen Teil auf etwa 7 bis 9 m Wassertiefe. Von der Zugfestigkeit des Ankers sollte man sich mit Hilfe der Taucherbrille überzeugen, denn die Fallwinde pfeifen manchmal heftig die Berge herab.

4

1

2

3

1+2 *Sandy Spit, ein kleines Paradies auf Position 18°27,2'N 064°42,6'W mit elf Palmen, umgeben von einem schützenden Korallenriff und einem Traumstrand aus feinstem Korallensand. Der Ankergrund auf der Leeseite dicht vor der Insel ist gut haltender Sand, trotzdem verlassen die Yachten pünktlich um 16 Uhr dieses schöne Fleckchen Erde und verholen zum Übernachten in den nahegelegenen Little Harbour auf Jost van Dyke.*

3 *Sandy Cay. Lawrence Rockefeller ist der Eigentümer dieses kleinen Juwels, eine empfehlenswerte Alternative zum Ankern, wenn Sandy Spit nebenan zu stark frequentiert ist.*

Virgin Gorda

Virgin Gorda – die „fette Jungfrau", wie Kolumbus sie nannte – ist die zweitgrößte der britischen Jungferninseln und mit ihren exzellent ausgebauten Marinas, geschützten Ankerbuchten und riesigen Korallenriffen Ort der Begegnung vieler Segler, Motorbootcrews, Kreuzfahrer und Taucher. Aber auch Landtouristen haben den herben Reiz der „Jungfrau", den abgeschiedenen westindischen Provinzialismus und die paradiesischen Hotelanlagen in ihr Herz geschlossen und lieben gelernt.

Der Hauptort Spanish Town, bis 1741 auch Hauptstadt der Virgin Islands, mußte den Titel dann an Road Town auf der Schwesterinsel abgeben – die damaligen 400 Inselbewohner auf Tortola haben sich über diesen politischen Schachzug irgendeiner Kolonialmacht bestimmt gefreut.

Die fischreichen Gewässer rund um die Insel sind ein wahres Eldorado für Hochseefischer, die Korallengärten rund um den Gorda Sound ein Paradies für Taucher und Schnorchler. Feinsandige Strände, nach denen man sich sehnt, smaragdgrünes Meer – eine Insel für jeden Geschmack.

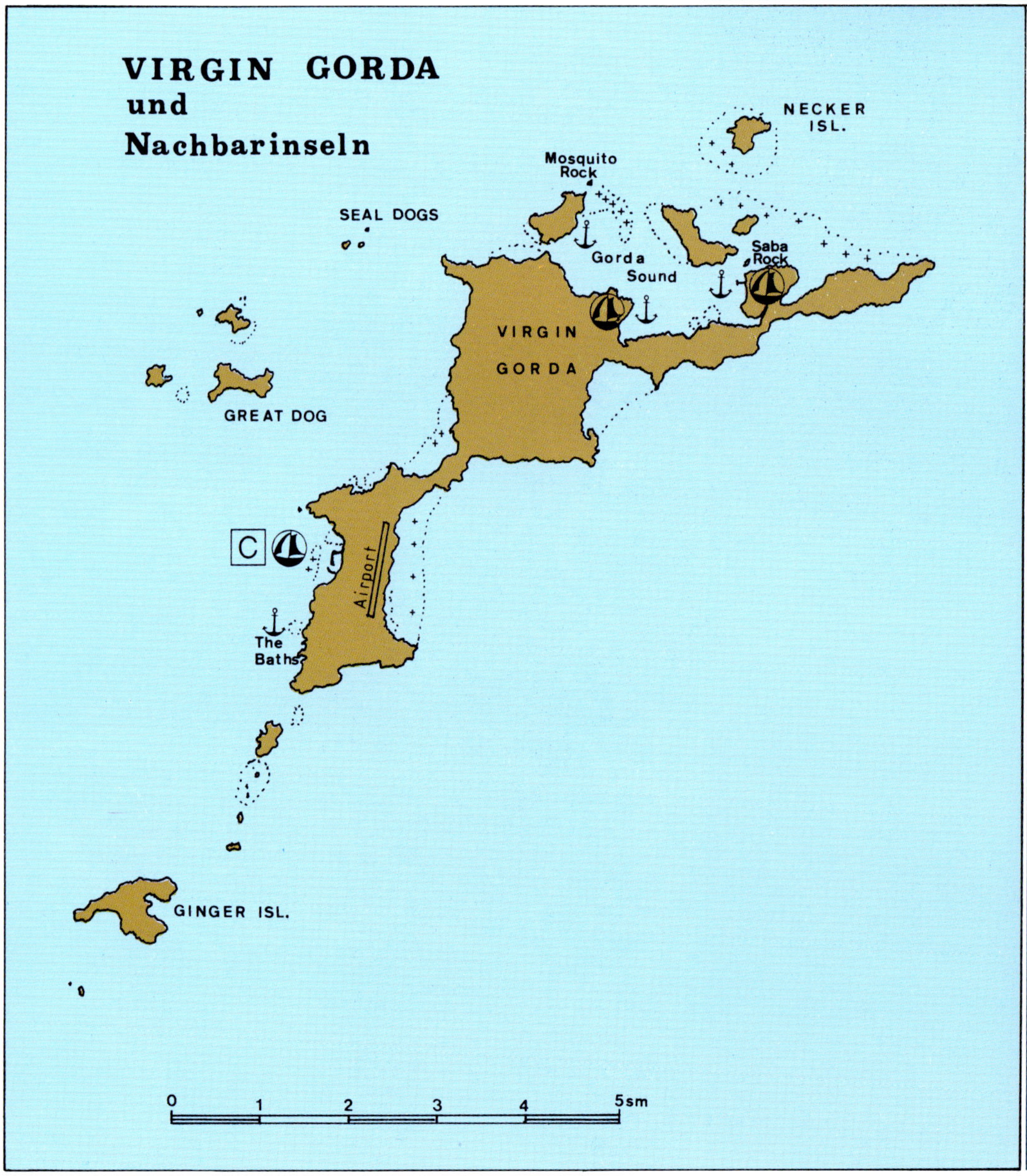

1 *Die Einfahrt in den Gorda Sound im Norden von Virgin Gorda, im Vordergrund das Colquhoun-Riff und die steil abfallende Riffkante, dahinter Mosquito Island. Die Vogelperspektive täuscht: Von See kommend ist das mit Wasser bedeckte Riff nur bei gutem Licht rechtzeitig zu erkennen. Die rote und die grüne Tonne an der engsten Stelle der Riffdurchfahrt sind gut auszumachen.*

2 *Der südlichste Zipfel des langgestreckten Colquhoun-Riffs, dahinter Mosquito Island mit dem beliebten Ankerplatz und dem Restaurant „Drake's Anchorage". „Drake's" ist primär auf Yachtbesucher eingestellt. Der Anker hält in dem weichen Korallensand vorzüglich, sicherer liegt man jedoch an einer der vielen Festmachebojen direkt vor dem Restaurant. Spezialitäten: frischer Lobster und Dolphin vom Grill. Anrufkanal: 16.*

3 *Hier im Bitter End Y.C. empfehle ich das vorzügliche und preisgünstige Mittagsbuffet. Hat die Bordkasse mal wieder ein „Loch" und scheut man die Liegegebühren in der Marina, kann man für 20 US-$ an einer Boje festmachen, oder man läßt den Anker einfach nahe der Marina fallen. Tischbestellung und Anruf Bitter End Y.C. über Kanal 16. In der weiträumigen und geschützten Bucht Gorda Sound nördlich von Virgin Gorda liegen mehrere Ankerplätze und Marinas. Die Versorgungsmöglichkeiten (Lebensmittel, Wasser, Eis und Treibstoff) sind sehr gut, die Restaurants der einzelnen Yachtclubs bieten alles, was der Gaumen begehrt.*

1 *Saba Rock, im Hintergrund die hübschen Bungalows der Hotelanlage mit dem Anleger vom Bitter End Y.C.*

2+4 *Die idyllische, kleine Leverick Bay Marina, nordwestlich von Gnat Point im Gorda Sound gelegen, wurde modernisiert und auf 40 Liegeplätze erweitert. Wer Liegegebühren reduzieren will, der kann auch an einer Muringboje im Marinabereich festmachen. Der Besuch des Restaurants „Salty Whale" und Shopping im Einkaufsparadies „Pussers' Landing" sind ein absolutes Muß.*

3 *Die Einsteuerung in die Little Dix Bay an der Westseite von Virgin Gorda ist extrem gefährlich. Am besten ankert man vor dem Riff, zumal Charteryachten das Ankern in der Bucht vom Management des Luxushotels „Little Dix Bay" untersagt ist.*

3

2

4

1 *Die Einsteuerung in den Virgin Gorda Yacht Harbour direkt neben dem Flughafen ist unproblematisch: Die Riffpassage ist mit roten und grünen Tonnen markiert. Wie das Luxushotel „Little Dix Bay“ gehört die Marina-Anlage zum Rockefeller-Imperium. Die Versorgungsmöglichkeiten und Serviceeinrichtungen sind erstklassig. Nur wenige Gehminuten vom Hafen entfernt liegen die Restaurants „Chez Michelle“ mit französischer Küche und „Fisher's Cove“. Der Weg von etwa 20 Minuten zum „Olde Yard Inn“ lohnt sich immer. Bei klassischer Musik und British-Virgin-Island-Ambiente wird das Abendessen zum Genuß. Der in jeder Beziehung sichere Virgin Gorda Yacht Harbour ist idealer Ausgangspunkt für eine Inselrundfahrt mit Mietwagen oder Taxi. Einen Inselführer, in dem auch die acht schönsten Strände der Insel beschrieben sind, gibt es im Restaurant „Chez Michelle“. Auch für den Kreuzfahrttourismus ist die Gegend um Spanish Town äußerst attraktiv. In der windgeschützten Bucht vor dem Hafen gehen regelmäßig Sea Goddess, Sir Francis Drake und Sea Cloud vor Anker. Der moderne Großsegler vom Club Med im Bildhintergrund vor Anker zu sehen, bringt seine Passagiere in Beibooten zur nahegelegenen Touristenattraktion The Baths.*

2 Der Tagesankerplatz The Baths am südwestlichen Zipfel von Virgin Gorda, einer der schönsten Ankerplätze auf den Virgins überhaupt, leider zu oft überbelegt. Die riesigen Granitblöcke über und unter Wasser bilden Grotten und Schlupflöcher für viele Meeresbewohner, ein idealer Platz, den Kopf mal wieder unter Wasser zu stecken.

Peter Island und Norman Island

Die Geschichtsschreibung der kleinen Insel Peter Island beginnt um 1690, als die Brandenburger ihre Marktanteile im lukrativen Westindienmarkt ausbauten und hier ihre Basis errichteten. Anders als die Dänen und Briten, die ihren Hauptumschlagplatz für Sklaven und Güter in Charlotte Amalie auf St. Thomas hatten, spannten die schlauen Preußen mehr aus dem Hintergrund ihr Handelsnetz über die Karibik bis nach Europa.

Das Ende der Sklavenzeit war auch gleichzeitig das wirtschaftliche Ende der westindischen Handelsgesellschaften, und die kleine Insel fiel in einen Dornröschenschlaf. Erst Ende der sechziger Jahre entdeckte der Norweger Peter Smedwig die Reize von Peter Island und baute, wo einst die Lagerschuppen der Brandenburger standen, eine kleine Hotelanlage, die später um den Peter Island Yacht Club erweitert wurde.

Die beiden schönsten Ankerbuchten, Sprat Bay (Peter Island Yacht Harbour) und die Deadman's Bay, liegen dicht nebeneinander an der Nordküste dieser Insel mit vergangener preußischer Tradition.

Die Insel Norman Island hat ihre Jungfräulichkeit während der Kolonial- und Piratenzeit und in den Jahren danach bewahrt. Trotz der geschützten Bucht The Bight hat sie sich gegen jegliche Besiedelung gesträubt, und wer versucht hat, von ihr Besitz zu ergreifen, den ließ sie verdursten oder an Gelbfieber sterben.

Die Eroberer der Neuzeit haben ihre Lektion aus der Geschichte gelernt und Norman Island in Frieden gelassen; die Insel ist und bleibt eine alte, aber schöne Jungfrau.

Der Anleger des exklusiven Peter Island Yacht Clubs in der Sprat Bay hat nur für wenige Schiffe Platz; wenn die schwimmenden Paläste mit Heimathafen San Juan, die an texanische Bohrtürme erinnern, nachmittags vom Hochseefischen kommend hier festmachen, ankert man am besten in der Bucht. Die Fähre von/nach Road Harbour auf Tortola macht links hinter dem Anleger fest – beim Ankern Schwojraum beachten!

1 *Deadman's Bay – eine Bucht voller landschaftlicher Schönheiten und Kontraste auf Peter Island, eine beliebte Tagesankerbucht zum Schwimmen und Faulenzen. Beim Strandspaziergang ist ein eiskalter Rum-Punch im Open-air-Restaurant eine willkommene Abwechslung. Liegt man am Abend nebenan in der Sprat Bay vor Anker, kann man bereits jetzt die Speisekarte studieren und den Fisch vom Grill für den Abend bestellen. Die Palmenkulisse am Strand bei untergehender Sonne wird sich als eines der traumhaften Karibikbilder einprägen.*

2 *Die Ankerbucht The Bight an der Nordwestseite von Norman Island ist ein beliebter Ort zum Übernachtliegen, wenn Schwimmen und Schnorcheln im Törnplan vorgesehen sind.*

1

2

3 Unverkennbare Landmarken bei der Ansteuerung von Norman Island sind die vier bis zu 13 m hohen Felsklippen The Indians. Unter Wasser eröffnet sich hier für den Schnorchler und Taucher ein wahres Eldorado: bunte, noch lebende Korallenstöcke, die wie Elchgeweihe aussehen, Riffische in allen Farben, filigrane Lederkorallen, alles Kunstwerke in Farben und Formen; und wenn man Glück hat, sieht man möglicherweise einen Pelikan bei der Jagd unter Wasser. Der geübte Taucher trifft hinter der Riffkante in 10 m Tiefe auf ein Labyrinth von Höhlen, das für große Fischkolonien, besonders den bunten Engelsfisch, bekannt ist. Ein Taucherparadies.

Rund um die Indians besteht absolutes Ankerverbot; festgemacht wird an einer der Tonnen auf der Leeseite der Felsklippen.

Ein Ausflug mit dem Dingi vom Ankerplatz The Bight zum markanten Felsvorsprung Treasure Point und vorgelagertem Korallenriff mit den vielen Höhlen über und unter Wasser auf Norman Island ist ein absolutes Muß. Taschenlampe und Dingianker nicht vergessen!

U.S. Virgin Islands

St. Thomas und Nachbarinseln

Mit einer Ausdehnung von 83 km^2 ist St. Thomas die zweitgrößte Insel der U.S. Virgin Islands und mit etwa 60 000 Bewohnern auch die am dichtesten besiedelte Insel im Archipel.

Zudem flüchten jährlich über eine Million Amerikaner und Europäer hierher und tauschen ihre kalte, verregnete Heimat für horrende Summen gege Sonne, Sand, Strand und Lux ein. Mehr als 200 Kreuzfahr schiffe machen jährlich an d Pier von St. Thomas Harbou dem Hafen von Charlotte Am lie, fest, andere Urlauber kon men per Flugzeug angedüs Doch auch das Yachtcharterg schäft ist – wie überall in d Karibik – ein dicker Brocken der Tourismusbranche.

Rund um den sicheren Tie wasserhafen St. Thomas Ha bour und an der Ostseite d Insel liegen erstklassige M

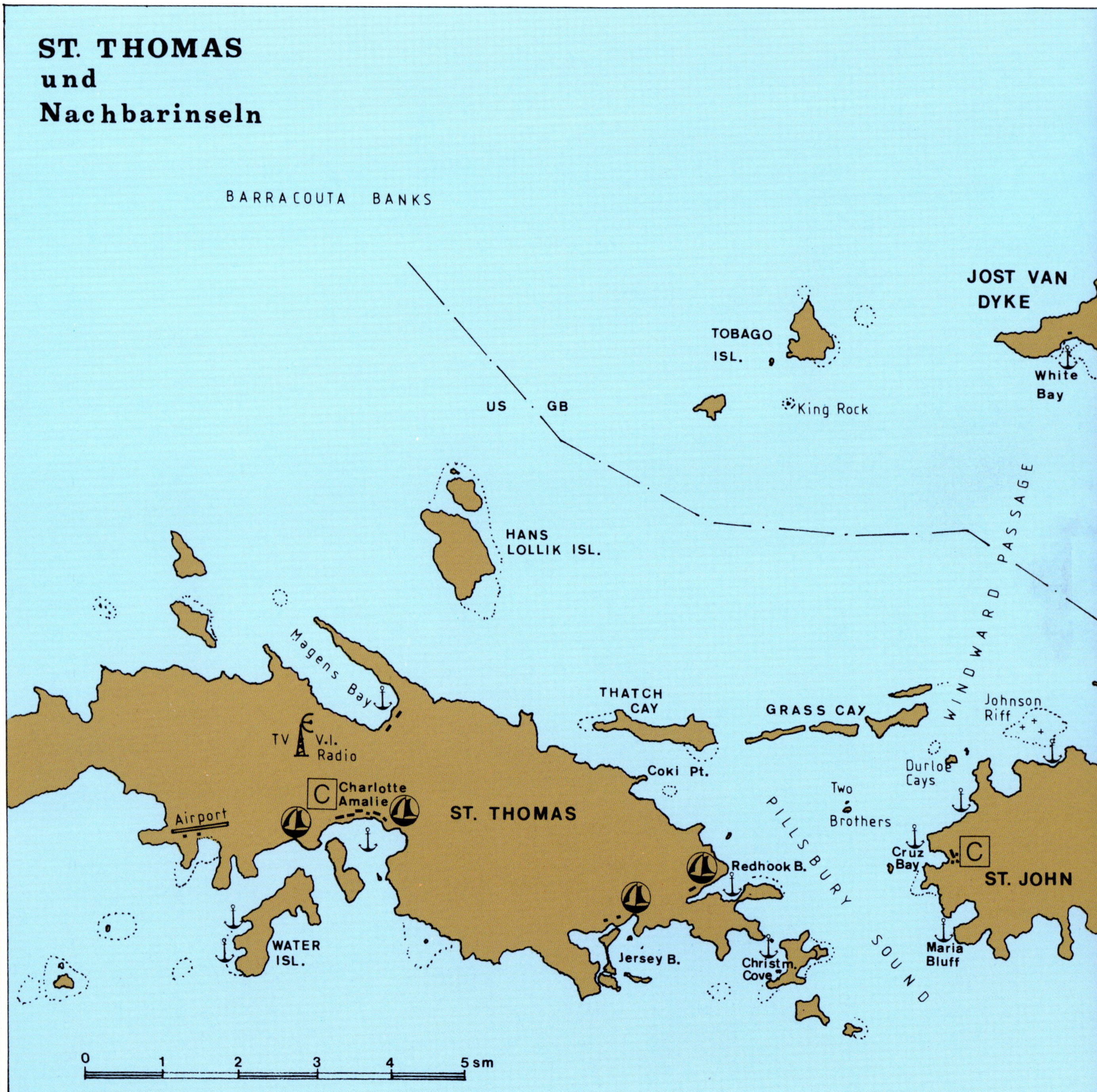

nas mit allem Komfort, unihlige Ankerbuchten laden ein im Relaxen und Baden in glasarem Wasser.

Die Hauptstadt Charlotte malie ist Freihafenzone und ınn auf eine lange Geschichte ıd Tradition zurückblicken. In r Kolonialzeit war sie Hanılsdrehscheibe zwischen Eu-pa, Afrika und Westindien. ie Hamburg-Amerika-Linie er-fnete ihren Liniendienst nach . Thomas bereits 1873 und er-chtete ihre Lagerhäuser auf assel Island. Aber auch tiefschwarze Flecken kennzeichnen die turbulente Geschichte von Charlotte Amalie. Der heutige Market Square am Ende der Main Street war einst der größte Sklavenumschlagplatz in der Region, bis zum 3. Juli 1848, als von Gouverneur Peter von Scholten die Sklavenbefreiung proklamiert wurde.

Das bunte Völkergemisch der U.S. Virgin Islands bekennt sich heute zwar nach außen zur amerikanischen Nation, und das, obwohl sie als U.S.-Bürger nicht wahlberechtigt sind; im Inneren jedoch betrachten sie ihre westindische Inselwelt als ureigenste Heimat.

Mit dem Touristenstrom und dem relativen Wohlstand kommen verstärkt Probleme auf die Inseln zu, speziell auf St. Thomas, aber solange es der Inselregierung gelingt, das Rauschgift von den Virgins fernzuhalten, wird auch die Kriminalität weiterhin kontrollierbar bleiben und sich den Touristen gegenüber – wie bisher – auf kleine Gaunereien und Diebstähle beschränken.

Die Reede von St. Thomas Harbour. Links im Bild die Yacht Haven Marina, die jeden erdenklichen Service bietet (das landwärtige C-Dock ist inzwischen fertiggestellt). Der permanente Lärm ist jedoch nicht jedermanns Sache, und so herrscht ein ständiges Kommen und Gehen von Yachten, die nur kurz zum Bunkern und Einkaufen festmachen, dann aber wieder in eine ruhige Bucht flüchten. Die Yacht Haven Marina ist die preisgünstigste in der Region.

1 Der geschäftige St. Thomas Harbour mit der Hauptstadt Charlotte Amalie, deren Stadtbild noch stark an die dänische Zeit erinnert. Mehr als 200 Kreuzfahrtschiffe machen jährlich hier fest und entlassen ihre Passagiere in das Einkaufsparadies des Freihandelshafens.

2 Die eindrucksvolle Westküste von Water Island mit den Tagesankerplätzen Flamingo Bay und, dahinter, der schöneren Honeymoon Bay mit einem palmenumsäumten Sandstrand.

3 Im westlichen Teil der Crown Bay versteckt, liegt gut geschützt die Crown Bay Marina mit Platz für 96 Yachten von 25 bis 200 Fuß Länge und mit allen Versorgungsmöglichkeiten. Die Anlagen sind kapazitätsmäßig nicht ausgelastet, das Management setzt daher auf die Charterkunden, was dem Service zugute kommt. Die Marina liegt nur zehn Gehminuten vom Flughafen entfernt und ist rund um die Uhr bewacht – eine mögliche Alternative zum quirligen St. Thomas Harbour.

4 Alte Seefahrerromantik erlebt man an Bord der SIR FRANCIS DRAKE, hier beim Einlaufen in ihren Heimathafen Charlotte Amalie auf St. Thomas, U.S. Virgin Islands. Der 3-Mast-Sprit-segelschoner wurde 1917 bei Lürssen an der Weser gebaut, fuhr als LANDKIRCHEN im Frachtdienst zwischen Nord- und Ostsee, als GODEWIND planmäßig von Hamburg zur Ostküste Südamerikas. 1981 erfolgte der Umbau zu einem modernen Kreuzfahrer für Reisen in der Karibik. Im Fahrtgebiet der Virgin Islands können die 30 Passagiere unter Segel und bei Planter's Punch an Deck die romantische Piratenzeit nachempfinden und den Zauber der Karibik in vollen Zügen genießen.

1

2

3

4

1 Die Ankerbucht Cowpet Bay an der Südostküste von St. Thomas gegenüber von Christmas Cove – in den Seehandbüchern nur am Rande erwähnt – ist wegen der starken Bebauung ringsum möglicherweise nicht jedermanns Sache, aber bei starken Winden aus Nord bis Nordost liegt man hier besser als in der nahegelegenen Muller Bay.
Im Scheitel der Bucht befindet sich der St. Thomas Yacht Club, der auch die Rolex-Regatta an Ostern ausrichtet. In der Club's Bar sind Mitglieder der akkreditierter Yachtclubs gerngesehene Gäste.
Man ankert auf 4–5 m Wassertiefe, der Ankergrund ist gut haltender Sand. Das Festmachen an den clubeigenen Bojen ist nicht erlaubt.

2 Dieser Anblick läßt auch die Herzen der Chartercrews kleinerer Yachten höher schlagen: die Viermastbark SEA CLOUD *in karibischen Gewässern.*

3 Die Küsten- und Rifflandschaft rund um die Jersey Bay (The Lagoon) an St. Thomas' Südostküste zeigt deutlich, daß das Befahren der karibischen Gewässer nicht ganz ungefährlich ist. Auch ich hatte ein Kribbeln in den Zehen, als ich hier das erste Mal meinen Weg durch die Korallenriffe in die geschützte Lagune suchte.
Die Einfahrt zur La Vida Marina ist gut betonnt, die Wassertiefe beträgt zwischen 1,80 und 2,50 m bei Niedrigwasser (Low Tide). Außerhalb der Betonnung wird es schnell flach.
Im Marinakomplex findet man alle Reparatur- und Service-Einrichtungen, Caribbean Yacht Charters und La Vida Yachtcharters haben hier ihre Basis. Transityachten sind willkommen, aufgrund der geringen Liegeplatzkapazität im Marinabecken ist es jedoch zweckmäßig, den Liegeplatz über Kanal 16 zu reservieren.

1

2

3

1 *Die Südostküste von St. Thomas mit einer Vielzahl von herrlichen Ankerbuchten. Das kleine grüne Inselchen rechts im Bild, Great St. James, wird wegen seines schönen und geschützten Ankerplatzes bei den Karibikseglern als heißer Tip gehandelt. Die Durchfahrt Current Hole zwischen Water Point St. Thomas (die mittlere Huk) und Great St. James macht ihrem Namen alle Ehre. Zeitweise steht in der Durchfahrt ein Strom von 3 bis 4 kn. St. John im Hintergrund liegt greifbar nahe.*

2 *Die etwa 300 m breite Passage Current Hole am südöstlichen Punkt von St. Thomas mit dem markanten Felsen Current Rock inmitten der Durchfahrt.*

3+4 *Great St. James mit der Traumbucht Christmas Cove. Auch die Rifflandschaft rund um das Inselchen Fish Cay muß man gesehen haben.*

3

1 *Redhook Bay, links im Bild die Anleger von American Yacht Harbour, schräg gegenüber die immer überbelegte Ankerbucht Muller Bay.*

2 *Die moderne Sapphire Marina mit 70 Liegeplätzen in der Sapphire Bay an St. Thomas' Nordostküste gehört zu einer Resort-Anlage, die keinen Wunsch offenläßt.*

Die wunderschöne
apphire-Bucht ist auf den
eekarten nicht verzeichnet;
e liegt weniger als 1 sm
ördlich der Redhook Bay
leich hinter der Huk.

Auf Coki Point, nordwest-
ch von Redhook Bay, wurde
as futuristisch wirkende
Unterwasser-Observatorium
Coral World aus Stahl und Glas auf einem Korallenriff errichtet. Auf zwei Beobachtungsebenen unter Wasser hat der Besucher einen direkten Blick aufs Riff und kann zahlreiche Meeresbewohner wie Rochen, Haie und riesige Muränen neben einer Vielzahl von kleinen Fischen in ihrer – fast – natürlichen Umgebung bewundern.

1 Eine der vielen namenlosen Buchten an der Ostküste von St. Thomas.

2 Die Magens Bay an der Nordküste von St. Thomas liegt fernab der klassischen Yachtrouten – eine ideale Bucht zum Ankern, wenn man nur Ruhe und Abgeschiedenheit sucht.

St. John

:it nur 54 km² ist St. John die
einste Insel der U.S. Virgin
lands, aber auch mit Abstand
s schönste und romantischste
eckchen auf der amerikani-
hen Seite des Archipels.
Die stark gegliederte Küste
rgt eine Vielzahl von idyl-
chen Ankerbuchten mit feinsandigen Stränden, Idealverstecke für Individualisten in einem kleinen Paradies auf Zeit.

In den fünfziger Jahren kaufte der in Dekaden im voraus denkende Lawrence Rockefeller den größten Teil der Insel auf mit der Zielsetzung, sie in ihrer unverdorbenen Schönheit den nachfolgenden Generationen zu erhalten. Ausgestattet mit einer soliden Kapitalbasis, gründete Rockefeller im Jahre 1956 mit der amerikanischen Regierung den Virgin Island National Park und brachte das Land in die Stiftung ein.

Im Gegensatz zu den beiden Schwesterinseln St. Thomas und St. Croix, wo besonders die Küstenzonen der amerikanischen Bauwut zum Opfer fielen, erlebt man hier noch die ursprüngliche Inselromantik in einer ruhigen und sicheren Umgebung.

Die etwa 2500 Inselbewohner leben vom Fischfang und vom Tourismus.

Die Südostküste von St. John: im Vordergrund der markante Felsvorsprung Ram Head, oben rechts Leduck Island und weiter nach Norden die Einfahrt in Coral Harbour und Hurricane Hole.

1 *Coral Harbour im westlichen Teil der Coral Bay. Im Vordergrund der markante, 130 m hohe Fortsberg.*

2+3 *Die Seitenarme von Hurricane Hole, Zufluchtsorte vieler Segler, wenn sich Starkwind oder ein Hurrikan ankündigt. Gut haltender Ankergrund und bis ans Wasser reichende Mangrovenbäume bilden Idealvoraussetzungen, die Yacht hier zu „verspannen". Aber wie allgemein in der Seefahrt ist Sicherheit auch hier nur relativ, und oft gibt es ein schwaches Glied in der Kette: Als vor Jahren Hurrikan „Hugo" über die Kleinen Antillen hinwegfegte, lag in Hurricane Hole eine Vielzahl von Yachten. Die Besatzungen kramten alle ihre seemännischen Tricks aus der „Karibik-Erfahrungskiste", legten die Schiffe sicher vor Anker und brachten lange Trossen zum Land aus. Das schwache Glied in der Sicherheitskette waren die Schiffe mit zu wenig beziehungsweise schlecht dimensioniertem Ankergeschirr und zu kurzem Kettenvorlauf. Ankerleinen scheuerten zu stark an den Beschlägen und brachen, und es kam zu Beschädigungen an den Nachbarliegern und auch zu Totalverlusten. Außerhalb der Hurrikanzeit findet man in einer der naturbelassenen Traumbuchten in völliger Abgeschiedenheit seinen ganz persönlichen Ankerplatz, wo die Ruhe nur durch die pfeilschnell ins Wasser stoßenden Pelikane unterbrochen wird.*

1

2

3

4

1 Die NW-Küste von St. John mit ihren vielen versteckten Ankerplätzen.

2 Die nach Norden weit offene Trunk Bay an der NW-Küste von St. John sollte man nur als Tagesankerplatz zum Baden und Schnorcheln anlaufen. Zeitweise steht ein gefährlicher Schwell in die Bucht, der das Liegen vor Anker unmöglich macht. Rund um die kleine Insel Trunk Cay hat der National Park Service zum besseren Kennenlernen der Korallenwelt einen Unterwasser-Lehrpfad für Schnorchelanfänger eingerichtet.

3 Die eindrucksvolle NW-Küste von St. John, im Hintergrund Caneel Bay.

4 Der Strom zwischen der Inselgruppe Durloe Cays und dem Nordwestzipfel von St. John ist sogar auf dem Bild gut zu sehen. Die vorgelagerten Riffe und Klippen erfordern selbst unter Motor eine sorgfältige Navigation.

Der geschäftige Hafen mit dem gleichnamigen Ort Cruz Bay im äußersten Westen von St. John ist Drehscheibe des pulsierenden Touristenstroms nach St. Thomas und St. Croix. Von hier aus besteht ein regelmäßiger Fährservice nach Charlotte Amalie und Redhook Dock auf St. Thomas; von St. Croix kommend, landen die kleinen Wasserflugzeuge im nördlichen Teil des Hafens. Zwischen ein- und auslaufenden Fähren und den einschwebenden Flugzeugen tummeln sich die Charteryachten, die hier ein- und ausklarieren und die Bordbestände auffüllen. Alles läuft ohne Hektik ab, zum Übernachten verholt man allerdings besser in eine nahegelegene Bucht.

1

St. Croix

Mit einer Fläche von 212 km² ist St. Croix die größte Insel der U.S. Virgin Islands. Etwas abseits vom Antillenbogen gelegen, hat sie den Ruf eines karibischen Vorortes, und dem Besucher fällt auf, daß hier einiges anders ist als z. B. auf der Nachbarinsel St. Thomas. Auf den etwa 20 sm von Ost nach West wechselt das Landschaftsbild von buschbewachsenen Küstenhügeln zu üppigen Regenwäldern; dazwischen liegen gepflegte Golfplätze und intakte Plantagen mit kessen Namen wie „Upper and Lower Love" (obere und untere Liebe) oder „Bold Slob" (freche Schlampe) – Namen aus der Sklavenzeit, die die dänischen Plantagenbesitzer ihren Mätressen einst gaben. Überall verstreut stehen die alten Türme der Zuckerrohrmühlen; einige wurden restauriert und zu schönen Wohnhäusern umgebaut.

Im Laufe der Geschichte wechselte die Insel siebenmal ihren Besitzer. Den Spaniern folgten die Engländer, Franzosen, Malteserritter, Niederländer, Dänen und Amerikaner. Von 1733 bis zum 31. März 1917 wehte der dänische Danebrog auf ihren Hügeln.

Durch den schwindenden Einfluß der europäischen Kolonialmächte im karibischen Raum und den Zusammenbruch der Wirtschaft gegen Ende des 19. Jahrhunderts entstand ein politisches und wirtschaftliches Machtvakuum, in welches die Vereinigten Staaten von Amerika in Ausweitung ihrer wirtschaftspolitischen Interessen vorstießen. Um eine Vormachtstellung in der Neuen Welt zu beanspruchen und auszubauen, erwarben sie von den

2

1 *Südküste von St. John.*

2 *Der weiträumige Naturhafen Christiansted Harbour ist durch die gute Betonnung unproblematisch anzusteuern. Im Bildhintergrund das Inselchen Protestant Cay und der malerische Ort Christiansted.*

1 Nur etwa 2,5 sm östlich von Christiansted liegt gut geschützt die moderne Green Cay Marina, die allen Komfort für 140 Yachten bietet. Das Restaurant „Galleon" ist bekannt für seine erstklassige Küche und edlen Weine aus Kalifornien und dem Elsaß. Von der Marina nicht weit entfernt liegt das Inselchen Buck Island, mit dem angrenzenden Under Sea Park, ein Korallenriff mit Unterwasser-Lehrpfad. Der Schnorchler erhält eine kurze Einführung über die Flora und Fauna der Unterwasserwelt anhand von Informationstafeln, die unter Wasser aufgestellt sind. Die besten Tagesankerplätze liegen westlich der Insel. Will man an den Muringbojen südlich der Insel festmachen, muß man die Wassertiefe genau überprüfen – ich habe an mehreren Stellen in diesem Bereich 1,50 m gelotet.

Dänen für lumpige 25 Millionen Golddollar St. Croix zusammen mit den beiden Nachbarinseln St. Thomas und St. John, als östlichsten Vorposten der USA.

Überreste aus der dänischen Vergangenheit sind auf St. Croix, besonders in den Stadtbildern von Christiansted und Frederiksted, allgegenwärtig.

Man findet spitzgiebelige Ziegeldächer, Pastelltöne an den Mauern aus Backsteinen, schattige Arkadengänge und kleine, liebevoll angelegte, mit Blumen bepflanzte Vorgärten und Innenhöfe.

Große Teile der Insel, auch der historische Stadtkern von Christiansted und Anlagen in den Marinas, wurden vor einigen Jahren von Superwirbelstürmen verwüstet. Die tropische Natur hat die Schäden in der Landschaft jedoch längst repariert, Gebäude und Marinas wurden wiederaufgebaut.

2 Die Einsteuerung in die Sa River Bay an der Nordküste v St. Croix ist nur etwas für erfahrene „Riffpiloten" und für Yachten mit weniger als 1,80 Tiefgang. Die auf dem Riff

strandete Yacht scheint das bestätigen.
ı 13. November 1492 ging lumbus vor dem Riff vor ker und wollte mit ibooten in der Bucht Trinkwasser in die mitgebrachten Fässer füllen. Kaum war die Riffdurchfahrt passiert, wurde das Prisenkommando von den Kariben mit einem Hagel spitzer Pfeile empfangen.

Es gab Verwundete und es gab kein Wasser. Kolumbus nannte den Ort der Begegnung El Cabo de las Flechas, Kap der Pfeile, später umbenannt in Salt River Point und White Horse.

Die Salt River Marina im südwestlichen Teil der Bucht ist schon zweimal von Hurrikanen beschädigt worden und immer noch nicht vollständig restauriert.

Spanish Virgin Islands

Puerto Rico Ostküste

Die Insel Puerto Rico mit einer Länge von etwa 170 km und 50 km größter Breite ist die am weitesten östlich gelegene der vier Hauptinseln, welche die Großen Antillen bilden.

Von Kolumbus wurde sie 1493 entdeckt, und die einheimischen Indianer nannten sie Borinquen. Im Laufe ihrer wechselvollen Geschichte erhielt sie den Namen San Juan – so heißt heute die Hauptstadt – und später Puerto Rico, „Reicher Hafen". Inselname und der Name der Hauptstadt wurden also einfach vertauscht. Im Jahre 1898 mußte Spanien die Insel an die USA abtreten.

Puerto Rico hat mehr zu bieten als nur das Postkarten-Image mit weißen Stränden und mit Palmen. Die spanisch-karibische Tradition ist zwar stark mit dem amerikanischen Lebensgefühl verbunden, aber die Identität der Puertoricaner und auch ihre spanische Umgangssprache sind trotz Cadillac & Caballero erhalten geblieben. 1917 erhielt die Bevölkerung die beschränkte Staatsbürgerschaft der USA.

International hat Puerto Rico hinsichtlich seiner Kriminalität einen schlechten Ruf. Im Marinabereich Puerto del Rey und besonders auf den Spanish Virgin Islands aber ist die Welt noch in Ordnung. Da gibt es keine „boat boys", die ihre Ware am Ankerplatz anbieten – man liegt wenn auch einsam, so doch ungestört vor Anker.

Spanish Virgins

Von der puertoricanischen Marina Puerto del Rey ist es nicht weit zu den Spanish Virgin Islands, einer relativ unbekannten Inselgruppe außerhalb der maritimen Trampelpfade der U.S. Virgin Islands und British Virgin Islands weiter östlich. Die natürliche Vielfalt besonders der Inseln Culebra und Viequ mit den Cayos, wie die vorge gerten, zumeist flachen Ins chen genannt werden, und traumhaften Ankerbuchten g ten unter Fahrtenseglern imn schon als Geheimtip, das R vier war aber mangels Inf struktur für den Charterkund unattraktiv.

Heutzutage sind Lebensm tel, Getränke, Frischwasser u Treibstoff erhältlich, überw gend auf Culebra. Auf den a deren Inseln und Cayos ist Versorgung eher schlec Würstchenbuden sucht man den zahlreichen Buchten de auch vergeblich. Natur pur.

Zum Befahren der Spanish
rgin Islands ist Kartenmate-
l auf dem neuesten Stand
bedingt erforderlich.

Isla de Culebra

ber Hunderte von Jahren war
e 64 km² große Insel Brutstät-
der Lederschildkröten. Heute
mmen sie nur noch vereinzelt
r und legen in den Sandbuch-
n der Nordküste ihre Eier ab.
Hauptankerbuchten zum Über-
chten sind die Ensenada Hon-
und die Bahía de Sardinas.
18. Jahrhundert war die
schützte Ensenada Honda
n uneinnehmbares Piraten-
hlupfloch. Nordwestlich die-
s großen Naturhafens liegt
r Ort Dewey.

Isla de Vieques

Der größte Teil der Insel ist militärisches Sperrgebiet. Außerhalb davon sind die besten Ankerplätze jene in der Ensenada Sun Bay im Süden sowie zwischen Punta Arenas und Punta Boca im äußersten Westen der Insel. Einfache Restaurants in den nahebei gelegenen Fischerorten erreicht man in wenigen Minuten mit dem Dingi. Im Scheitel von Puerto Real liegt der alte Fischerort Esperanza. Festgemacht wird für 10 Dollar die Nacht an Muringbojen.

Isletta Marina, nur fünf Seemeilen nördlich von Puerto del Rey gelegen.

erto del Rey am östlichen pfel von Puerto Rico. ardust hat gemeinsam mit n Yacht Charter in der belmarina eine neue harterbasis eingerichtet. ie moderne Marina in der hía Demajagua, südlich vom Fischerort Fajardo gelegen, wurde nach amerikanischen Gesichtspunkten und Bedürfnissen konzipiert und bietet Platz für 700 Yachten, und das mit allem erdenklichen Komfort. Kielyachten dürfen den Hafen nur durch die betonnte nördliche Einfahrt ansteuern. Unverkennbares Markenzeichen von Stardust/Sun Yacht ist LA ESPERANCA, *ein über hundert Jahre alter Schoner am ersten Steg, Büro und Basis der Chartergesellschaft. Vom Flughafen St. Juan aus erreicht man die etwa 60 km entfernte Marina über die Stadtautobahn Nr. 26 und weiter auf der Schnellstraße Nr. 3 bis zur Ausfahrt Puerto del Rey (kleines grünes Schild).*

1 *Ankern im Riffbereich La Cordillera, der sich, wie der Name schon sagt, wie eine Inselkette von der Nordostspitze Puerto Ricos bis fast zur Isla Culebra hin erstreckt.*

2 *Ansteuerung der Ensenada Honda, einer sich tief in die Isla de Culebra erstreckenden Bucht, die sich nach Südosten öffnet.*

3 *Bahía de Sardinas mit dem Ort Dewey auf der Isla de Culebra.*

4 *Ensenada Honda, einst Piratenschlupfloch auf Culebra.*

5 *Rifflandschaft um den Inselwinzling Palominito, im Hintergrund Palominos.*

6 *Cayo Diabolo, eine der für die Spanish Virgin Islands so typischen kleinen Inseln.*

6

2 DIE LEEWARD ISLANDS

NSELN DER GEGENSÄTZE

Sandy Island vor der Nordwestküste von Anguilla – ein kleines Paradies inmitten eines Korallenriffs. Durch die Passage rechts oben im Bild kann man den tropischen Sandfleck nur mit dem Dingi ansteuern.

Klima, Land und Leute

Die Barkentine ATLANTIS *unter Vollzeug in der Karibik. Dieser Schiffsklassiker wurde als* BÜRGERMEISTER BARTELS *von der Wer J.N.H. Wichhorst in Hamburg gebaut und versah über sieben Jahrzehnte als Feuerschiff Elbe II seinen Dienst für die Seefah Einst knallig rot, heute blau-weiß, liebevoll restauriert und ausgerüstet mit modernster Technik und Sicherheitseinrichtungen, segelt der stolze Dreimaster auf den Kursen der Piraten u Entdecker für Segeltouristik Meyer zur Heide in der Karibik.*

Charakteristisch für die Leeward Islands sind die Bergketten im westlichen und die flachen Inseln im östlichen Teil. Der innere Inselbogen ist vulkanischen Ursprungs, die Inseln im östlichen Teil haben sich auf flachen Korallen- und Kalksteinplateaus gebildet; Guadeloupe ist die Nahtstelle mit einer flachen und einer gebirgigen Inselhälfte. Doch nicht nur Landschaft und Vegetation sind völlig unterschiedlich, auch klimatisch gibt es stark ausgeprägte Gegensätze.

In der Windschattenregion des Nordostpassats kommt es besonders in den Höhenlagen der gebirgigen Inseln häufig zu kräftigen Regengüssen und auf Meereshöhe als meteorologischer Begleiteffekt zu heftigen Böen.

Der klimatische Charakter auf den flachen Inseln dagegen ist geprägt durch die Passatwinde und das – fast – beständige warme und trockene Wetter.

Rund um die vulkanischen Inseln, wie z. B. Saba, St. Eustatius, St. Christopher, Nevis, Montserrat, Guadeloupe (Westküste) und Dominica, gibt es freilich nur wenig sichere Ankerplätze und nur eine Marina im Südwesten von Guadeloupe.

Die Infrastruktur im maritimen Bereich und die klimatischen Bedingungen rund um die Inseln im äußeren Antillenbogen sind, besonders für Chartercrews, angenehmer und besser, wobei St. Maarten, Antigua und Guadeloupe Dreh- und Angelpunkt des Yachtsports sind. Wegen ihrer zahlreichen und schönen Sandstrände und des ruhigen Wassers in den Ankerbuchten ist dieser Bereich der Kleinen Antillen ohnehin der attraktivere, für Segler und Touristen gleichermaßen.

Trotzdem muß gesagt werden, daß das Revier um die Leeward Islands seglerisch schwieriger ist als das der Virgin Islands, in erster Linie wegen der längeren Tagesschläge. Außerdem gibt es hier weniger geschützte Buchten und Häfen, die man bei Wetterumschwung noch ansteuern kann.

Die Inselbewohner sind besonders Europäern gegenüber freundlich und aufgeschlossen. Die Bedienung in den Supermärkten, Restaurants und anderen Dienstleistungsbetrieben wie Marinas ist zwar etwas schleppender als bei uns in Europa, das Einklarieren aber gestaltet sich unkompliziert. In den Amtsstuben sieht man das alles nicht so verbissen wie auf einigen Inseln im Bereich der Windward Islands.

Liegt man in einer Bucht sicher vor Anker, sollte man es nicht versäumen, die Schönheit der westindischen Inseln auch von Land her zu erkunden, egal ob per pedes oder motorisiert.

Wir sind auf unseren Landausflügen einer mannigfaltigen Natur und Kultur begegnet und haben eindrucksvolle Erinnerungen mit nach Hause gebracht.

Einklarierungsorte (Customs and Immigrations)

Anguilla	Sandy Ground, Road Bay Blowing Point Harbour*
St. Martin	Marigot, Baie de Marigot Port Lonvilliers, Anse Marcel
St. Maarten	Philipsburg, Groot Baai
St. Barthélemy (St. Barths)	Gustavia
Saba	Fort Baai
St. Eustatius (Statia)	Oranjestad
St. Christopher (St. Kitts)	Basse Terre
Nevis	Charlestown
Montserrat	Plymouth*
Antigua	English Harbour St. John's Harbour** Crabbs Marina, Parham Harbour
Barbuda	Antigua
Guadeloupe	Anse Deshaies Marina du Bas-du-Fort, Pointe-à-Pitre
Dominica	Portsmouth, Prince Rupert Bay Roseau

* Wegen Vulkanausbruchs war das Einklarieren 1998 nicht möglich. **nicht zu empfehlen

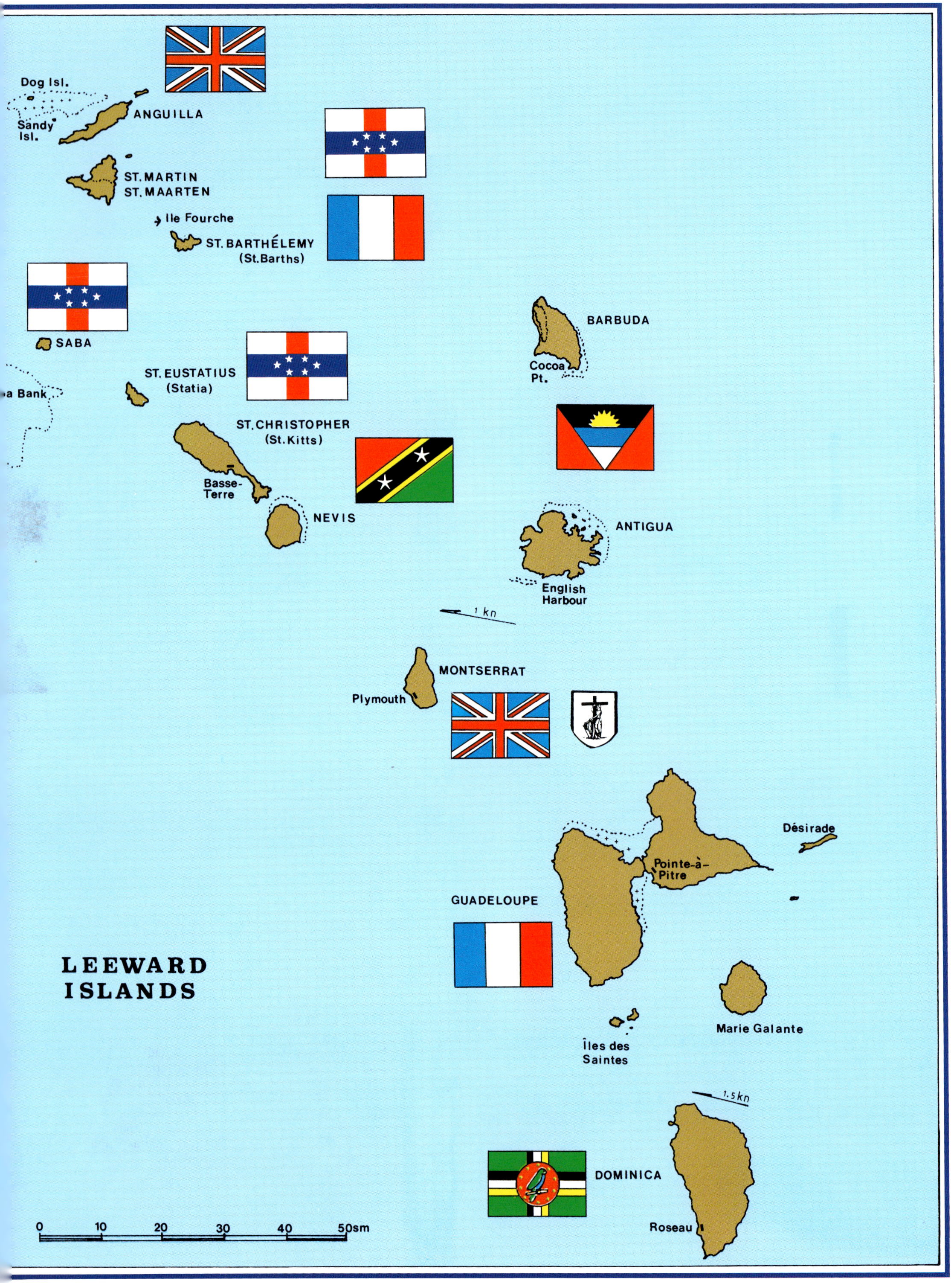

Dog Isl.
Sandy Isl.
ANGUILLA
ST. MARTIN
ST. MAARTEN
Ile Fourche
ST. BARTHÉLEMY
(St. Barths)
SABA
ST. EUSTATIUS
(Statia)
a Bank
ST. CHRISTOPHER
(St. Kitts)
Basse-Terre
NEVIS
BARBUDA
Cocoa Pt.
ANTIGUA
English Harbour
1 kn
MONTSERRAT
Plymouth
Désirade
Pointe-à-Pitre
GUADELOUPE
LEEWARD ISLANDS
Îles des Saintes
Marie Galante
1.5 kn
DOMINICA
Roseau
0
10
20
30
40
50sm

Anguilla

Die flache und langgestreckte, 26 km lange Insel ist nichts weiter als eine einzige Korallenbank mit herrlichen, feinsandigen Stränden, umgeben von Korallenriffen, klarem Wasser und traumhaft schönen Ankerplätzen.

Die resolute Inselregierung hat es verstanden, den Massentourismus von Anguilla fernzuhalten; dafür haben sich in den 80er Jahren an den exponiertesten Stellen Nobelherbergen angesiedelt, die zu den teuersten in der Karibik zählen.

Die Behörden legen größt Wert darauf, daß Yachten bei Eintreffen in den „Hoheitsg wässern" von Anguilla c gelbe Quarantäneflagge „Q" der Backbordsaling setzen u daß unmittelbar nach dem A kern einklariert wird.

'and Harbour liegt außer-
lb der Yachtrouten. Die Ein-
'uerung in diese herrliche,
'er mit Korallenriffen ge-
ickte Ankerbucht ist extrem
fährlich und nur Yachten mit
ringem Tiefgang möglich.

Der Ort Island Harbour ist Zentrum der lokalen Hummer-Industrie, entsprechend frisch und preiswert sind die Schalentiere und auch Fische im Restaurant „The Fish Trap" an der Wasserfront.

1 *Die weiträumige Road Bay ist gegen die vorherrschenden Winde gut geschützt und zentraler Stützpunkt für Yachten in den Gewässern von Anguilla, auch Haupteinklarierungsort der Insel. Der Ort Sandy Ground Village im Scheitel der Bucht besteht aus neun Restaurants, einer Zollbude mit Einklarierungsbüro, einem gutsortierten Supermarkt, dem Polizeigebäude und einigen windschiefen Baracken.*
Steht eine Inselrundfahrt auf dem Programm: Road Bay ist der ideale Ausgangsort, zumal man sich auf die Zugfestigkeit des Ankers hier verlassen kann und Schiffe vor Anker für Langfinger tabu sind.

2 *Ein kleiner Inselfrachter wartet hier in der Road Bay auf Ladung. Ohne Fahrplan schippern sie ihre Fracht – Coca-Cola, Bier, Kühlschränke, lebende Tiere, auch Schmuggelware – zwischen den Inseln hin und her.*

3 *Die Med's Bay im Nordwesten von Anguilla wird trotz ihrer Schönheit von Yachten wenig besucht.*

4 *Die Westküste von Anguilla. Man sieht deutlich, wie flach die Insel ist. Die Hotels hier sind sehr teuer.*

3

Ein ruhiger Tagesankerplatz an der Westküste von Anguilla.

St. Martin/ St. Maarten

Die etwa 87 km² große, zweistaatliche Insel ist stark europäisch geprägt, die Orte und Hotelanlagen entlang der Küste haben viele architektonische Gemeinsamkeiten mit den modernen Bauwerken bei uns zulande.

Der französische Teil der Insel im Norden, St. Martin, gehört zum Übersee-Département Guadeloupe, das niederländische Hoheitsgebiet im Süden, St. Maarten, ist wie Saba und St. Eustatius ein autonomer Teil des Königreichs der Niederlande. Zentrum des touristischen Lebens, des Yachtsports und Etappenziel vieler Kreuzfahrtschiffe ist Philipsburg im Scheitel der Groot Baai. Besonders die niederländische Inselhälfte ist touristisch voll erschlossen, die Hotels und Marinas bieten allen Komfort.

Die Versorgungsmöglichkeiten in den Häfen sind exzellent; Reparaturdienste aller Art findet man im östlichen Teil der Groot Baai, sollte der Schiffsdiesel mal streiken oder am Großsegel eine Naht gerissen sein.

Besonders die französischen Yachtcharterfirmen haben auf den in den letzten Jahren expandierenden Chartertourismus sehr schnell reagiert und ihre Kapazitäten erweitert, indem sie einen Teil ihrer Flotten von Guadeloupe hierher in die gut organisierten Marinas in der Groot Baai, im Oysterpond und in der Anse Marcel verlegt haben. Die amerikanischen Firmen werden in den nächsten Jahren sicherlich folgen.

Stehen der Chartercrew nur die üblichen zwei Wochen zur Verfügung, reicht die Zeit gerade aus, in kurzen Schlägen die schönsten Buchten rund um St. Martin/St. Maarten, Anguilla und St. Barthélemy kennenzulernen.

Die Ost- und Südostküste von St. Martin/St. Maarten, im Vordergrund die weiträumige Groot Baai. Die Wassertiefen variieren stark; in dem diagonal durch die Bucht verlaufenden grünen Streifen ist es gerade 1,80 bis 2,50 m tief, die Auswirkung eines Hurrikans, der den Grund vor ein paar Jahren enorm verändert hat.

1 *Die nach Süden offene Groot Baai ist bei normalem Passat-Wetter durch die Berge ringsum gut geschützt. Man kann hier vor Anker gehen oder in einer der Marinas im östlichen Teil festmachen.*

2 *Während die Passagiere im Einkaufsparadies Philipsburg die Angebote von Schmuck und Kameras vergleichen, wartet das Kreuzfahrtschiff in der Groot Baai vor Anker.*

3 *Das Liegen auf Reede ziehe ich dem Marinaleben und hektischen Treiben in Philipsburg vor. Man ankert in friedlicher Koexistenz zwischen Traumseglern, Kreuzfahrtschiffen, Charteryachten und den immer seltener werdenden bunten Minifrachtern (Trading Sloops), die von Insel zu Insel schippern.*

1 *Die Durchfahrt von der Simson Baai in die Lagune Grand Étang de Simson Baai – ein idealer Ankerplatz für Langzeitlieger an der Südwestküste von St. Maarten.*

2 *Die völlig von Land umgebene Lagune hat zwei Durchfahrten und zählt zu den sichersten Hurrikan-Schlupflöchern im Bereich der Leeward-Inseln. Der Ankergrund ist gut haltender Schlick beziehungsweise Sand, und wegen der geringen Wassertiefen kommt auch bei Starkwind wenig Seegang auf. Im östlichen Teil befindet sich eine Supermarina mit allem Komfort.*

3 *Lagunen-Impressionen.*

3

1 *Die postkartenschöne Südwestküste von St. Maarten, im Vordergrund die Maho Baai und dahinter die weiträumige Simson Baai.*

2 *Die Ansteuerung der Baie de Marigot an St. Martins Westküste ist völlig problemlos, die besten Ankerplätze liegen westlich der Handelspier auf 3 m Wassertiefe.*

Das quirlige Städtchen
arigot im Südostteil der
eichnamigen Bucht ist Port
Entry und eine architektoni-
he Mixtur von westindischer
d moderner französischer
ukunst. Die vielen kleinen
afés und Restaurants sind
liebte Treffpunkte, beson-
rs für die Segler, die mehre-
Etappen mit Liegen vor
ker hinter sich haben.

4 Die Reede von Marigot hat viel Atmosphäre, die Kulisse rund um die herrliche Bucht stimuliert offensichtlich Fahrtensegler und Charterskipper gleichermaßen. Hier wird das Seemannsgarn von Deck zu Deck gesponnen, hier hat jeder die größten Etmale erzielt und die größten Fische an der Schleppangel gehabt, und überall heißt das Zauberwort „Karibik". Die Versorgungsmöglichkeiten im Ort sind sehr gut, ausgenommen vielleicht Wasser und Diesel; der Obst- und Gemüsemarkt von Montag bis Samstag ist auf der ganzen Insel einzigartig. Kommt man zeitig genug aus der Koje, kann man direkt von den Fischern preiswert Frischfisch und Langusten kaufen. Bei Wetterwechsel verholt man allerdings besser zum nahegelegenen Philipsburg.

1 *Die winzige Marina Port la Royale liegt mitten im Ort Marigot und wird von Charteryachten selten angelaufen. Die Einfahrt in die Lagune ist hier kompliziert und mit vielen Unsicherheiten verbunden; zudem arbeitet der Hafenmeister, der auch für die Zugbrücke zuständig ist, nicht immer zuverlässig.*

2 *Die Baie Grande Case an der Nordwestküste – im Vordergrund Bell Point und die markanten Felsinseln Rocher Crole – ist ein beliebter Tagesankerplatz auf dem Weg nach beziehungsweise von Anguilla. Man kann hier dicht vor dem kilometerlangen Sandstrand den Anker ins Wasser werfen und von Deck aus beobachten, wie er sich in den Sand eingräbt.*

Der Schwerpunkt im Lebensalltag unserer französischen Nachbarn liegt eindeutig im Bereich der Küche – zumindest in dem kleinen Ort Grande Case. Sechsundzwanzig Restaurants liegen hinter dem Strand dicht an dicht, und wer die einfache Kost bevorzugt, dem empfehle ich die saftigen Grillrippchen, die mit herzhaft scharfen Gewürzen am Strand zubereitet werden.

3 *Die Reede Grande Case vo Land aus gesehen.*

4 *Palmenstrand vor Marigot der bis zur Laguneneinfahrt führt.*

5 *Die schwarzen Felsinseln Rocher Crole als unverkennbare Landmarke.*

2

3

4

5

Die romantische Ankerbucht Anse Marcel im Norden von St. Martin bietet in den Monaten zwischen April und November sehr guten Schutz inmitten baumbestandener Berge. Die Marina – Port Lonvilliers – erreicht man durch einen engen, betonnten Kanal; wegen der guten Befeuerung ist die Einsteuerung selbst nachts möglich.

In der Supermarina Port Lonvilliers, in der Anse Marcel versteckt, gibt es keine Versorgungsengpässe, hier steht auch die letzte Dieselzapfsäule auf dem Weg nach Anguilla und zu den Virgins. Die im Kolonialstil neu erbaute Hotelanlage L'Habitation mit Restaurants, Tennisplätzen, Fitneßräumen und Pools steht auch den Yachtcrews zur Verfügung.
Port Lonvilliers ist Basis der Chartergesellschaft Nautor's Swan Charter, die ihre exzellent ausgerüsteten „Schwäne" mit oder ohne Skipper verchartert. Gleich nebenan liegen die grün-weißen Yachten der Stardust-Flotte.

2 *Die hübsche „Amtsstube" des Hafenmeisters von Port Lonvilliers, wo täglich der Wetterbericht ausgehängt wird.*

3 *Die Baie Orientale an der Nordostküste von St. Martin ist nach Osten weit offen und nicht besonders geschützt. In die Inselabdeckungen von Green Cay und Île Pinel (rechts im Bild) verholen sich Individualisten und Ruhesuchende, die in die Einsamkeit flüchten wollen.*

4 *Baie-Orientale-Impressionen: weißer Strand, türkisfarbenes Wasser und großer Abstand zum nächsten Schiff.*

1

2

3

4

1

2

4

1 *Der Oysterpond an der Ostküste von St. Martin wird bei den Karibikseglern immer noch als Geheimtip gehandelt. Das sichere Hurrikan-Schlupfloch ist jedoch aufgrund der engen Riffpassagen und der meist auflandigen Winde schwierig anzusteuern. Besonders gefährlich ist der Unterwasserfelsen „The Breaker", links im Bild gut zu sehen.*

2 *Abstand zum Land halten, heißt die Devise auf Kursen entlang der Ostküste von St. Martin.*

3 *Die Captain Olivers Marina im Oysterpond ist besonders wegen ihrer erstklassigen Küche über die Reviergrenzen hinweg bekannt. Die führende Yachtcharterfirma Moorings hat hier in der Marina ihren Stützpunkt errichtet. Will man frei ankern, liegt man am besten südwestlich vom Marina-Anleger; für den kurzen Weg an Land muß man dann allerdings ins Dingi umsteigen.*

4 *Die Südostküste von St. Maarten, ein typisches Bild: blauer Himmel mit Passatbewölkung, tiefblaues Wasser und küstennahe Inseln, die von der ständigen Brandung eine weiße „Halskrause" tragen.*

3

St. Barthélemy

Angesichts der geringen Ausdehnung von 22 km², der absolut sauberen Ankerbuchten mit smaragdgrünem Wasser und der hübschen Häuser wird das hügelige Eiland St. Barthélemy (St. Barths) mit Recht „Perle der Karibik“ genannt.

Politisch gehört dieser Inselwinzling – wie auch St. Martin – zum französischen Übersee-Département Guadeloupe.

Die Küste von St. Barthélemy ist stark gegliedert, einige Buchten sind von großflächigen Korallenriffen umgeben und schwierig anzusteuern. Port de Gustavia, der einzige sichere Hafen, und die Reede davor haben Drehscheibenfunktion für die Transityachten.

Das Städtchen Gustavia ist Freihandelszone und damit idealer Ort, die Bordbestände aufzufüllen. Tom Food, gleich neben dem Hafenamt, ist der preiswerteste Supermarkt zwischen Anguilla und Guadeloupe. Die vorwiegend weißen Bewohner, Nachkommen bretonischer Siedlerfamilien, sind im Gegensatz zu den Bewohnern auf der Schwesterinsel St. Martin fest in ihre Traditionen und Konventionen eingebunden, dem Besucher und Gast gegenüber aber freundlich und hilfsbereit.

1 *„Willkommen“ fehlt noch auf dem Begrüßungsschild.*

2 *Das Herzstück von St. Barthélemy – Port de Gustavia vorn im Bild, die Baie de St. Jean im Hintergrund und dazwischen die abenteuerliche Landepiste der Insel – aus großer Höhe gesehen.*

3+4 *Rund um den Naturhafen Port de Gustavia sind die Häuser der schmucken Ortschaft Ville de Gustavia wie Farbkleckse an die Hügel geklebt, ein herrlicher Anblick auch bei der Ansteuerung.*

Die reizvolle Insel, die beso dere Hafenatmosphäre und der Freihafenstatus Gustavi mit seinen günstigen Einkau möglichkeiten sind Grund genug für viele Karibiksegle hier festzumachen.

4

1 Alles hier auf St. Barthélemy wird in kleinen Maßstäben gemessen, so auch der Flughafen und die Landebahn. Atemberaubend ist der Anflug auf die kurze Piste unterhalb des Hügels, aber keine Angst, die Piloten verstehen ihr „Handwerk" und sind auf diese Art von Landungen speziell geschult.

2 Die Reede von Port de Gustavia ist bei Passatwetterlage gut geschützt, aber der schöne Ankerplatz ist oft stark belegt.

3 Die bizarr geformte Nordküste von St. Barthélemy.

4 Ein Bild der Stille, oft ankert nur ein Schiff in der Baie de Columbier an der Nordwestseite von St. Barthélemy.

5 Eine der vielen naturbelassenen Buchten an der Nordwestküste.

1

4

2

5

3

Die Baie de St. Jean an der Nordküste ist die mit Abstand schönste Bucht auf St. Barthélemy. Eine unverwechselbare Landmarke bei der Ansteuerung: das Eden Rock Hotel mit rotem Dach auf der Landzunge inmitten der Bucht. Die Riffdurchfahrt ist aus der Vogelperspektive gut zu erkennen, aber Vorsicht: Die Ansteuerung ist kritisch und nur bei hochstehender Sonne möglich!

1 *Die mit Korallenriffen gespickte Nordostküste von St. Barthélemy. Sehr schön, aber nicht ungefährlich.*

2 *Weißer Korallensand, Wasser in allen Farbnuancen, großflächige Korallenriffe und absolute Ruhe sind die besonderen Merkmale der Ankerbucht Anse de Marigot im Nordosten dieser zauberhaften Insel.*

Nur wenige Yachten ver-
en sich zu den einsamen
kerplätzen der zerklüfteten
Fourche.

2

3

Saba

Der Name der Insel Saba ist möglicherweise abgeleitet von *Siba,* was in der alten Arawak-Sprache „steiler Felsen“ bedeutet hat.

Saba, mit nur 13 km² das kleinste Eiland der Niederländischen Antillen, liegt ebenso wie St. Eustatius, St. Christopher, Nevis und Montserrat abseits der üblichen Yachtrouten. Hier gibt es keine Marina und sicheren Ankerplätze, und erst 1972 wurde eine kleine Handelsmole in der Fort Baai gebaut.

Bevor man die Insel ansteuert, sollte man auf Kanal 16 Saba Radio rufen und sich nach den Seeverhältnissen rund um die Insel erkundigen. Wie alle Inselbewohner sind die Radio-Operators genauso wie die fünf Polizisten äußerst freundlich und hilfsbereit.

The Bottom, Hauptort von Saba, liegt in einem grünen Tal, etwa 250 m über dem Meeresspiegel. Der Ordnungssinn der Vorfahren aus Zeeland ist nicht zu übersehen – wer nicht gerade beim Fischen ist, der streicht sein Haus neu.

Saba, ein einziger Felskegel steil aus dem tiefblauen Wasser emporragend, paßt ganz und gar nicht in die karibische Landschaft: kein Strand, keine Palme, nur Felsen, Felsen. Und nur bei gutem, stabilem Wetter anzusteuern.

St. Eustatius

St. Eustatius. Die 335 m lange Pier (links im Bild) ist die südliche Begrenzung der Oranje Baai. Die Pier wurde 1975/76 von der Cuxhavener Firma Ludwig Voss gebaut und hielt selbst den Hurrikanen der vergangenen Jahre stand.

Die 21 km² große Insel St. Eustatius (Statia) entwickelte sich im Jahre 1720 zum zentralen Handelspunkt und größten Umschlagplatz für Sklaven und Güter in Westindien. Unter ihrer niederländischen Kolonialmacht kam die Insel zu Wohlstand und erhielt von den Reedern den Beinamen Golden Rock, Goldener Felsen.

Am 3. Februar 1781 war das goldene Zeitalter schlagartig zu Ende: Der britische Admiral Rodney landete mit seiner Flotte in der Oranje Baai, und kurze Zeit später war die Insel geplündert und verwüstet, und dem Betrachter bot sich ein Bild des Grauens.

Danach wechselte die Insel mehrmals ihren Besitzer, aber wirtschaftlich kam sie nicht mehr so richtig auf die Bein und nach Abschaffung der Skl verei wurde sie von der wes lichen Welt fast vergessen.

Auch heute hat der Karibi boom diese schöne und ruhi Insel noch nicht erreicht; es gi allerdings einige gepflegte H tels und Gästehäuser, aber d Devisen, die aus dem spä lichen Tourismusgeschäft spr deln, reichen nicht aus, die G

ntwirtschaft nachhaltig ankurbeln.

Einem deutschen Besucher ıß die Insel irgendwann so t gefallen haben, daß er ıfkleber drucken ließ mit dem xt: „Meine Füße stets zurück ch St. Eustatius – historische hönheit der Niederländihen Antillen."

Von See kommend, ist der ıill, ein erloschener Krater, auf große Entfernung gut zu sehen. Ankerplätze sind rar auf Statia, die einzigen relativ sicheren liegen in der Oranje Baai – links im Bild – über gut haltendem Sand.

In Oranjestad und der nahen Umgebung gibt es erstaunlich viel zu sehen; das liebevoll eingerichtete Historical Foundation Museum beherbergt einige seltene Funde aus der Arawak-Zeit und gibt einen geschichtlichen Überblick über die Golden-Rock-Ära.

Das alte Fort Oranje ist mit Post- und Bürgermeisteramt wieder in die Gemeinde einbezogen. Von der Terrasse aus hat man einen atemberaubenden Ausblick auf die Oranje Baai. Neben der Hauptstraße liegt die Ruine der alten jüdischen Synagoge Honen Dalim, 1739 aus Ziegelsteinen erbaut und im August 1772 durch einen Hurrikan erstmalig zerstört.

Bestes und originellstes Inselrestaurant ist das „Old Gin House" am Strand im Bereich der ehemaligen Lagerhäuser.

Antigua und Barbuda

Antigua wirkt wie ein starker Magnet – auf Segler und Hoteltouristen gleichermaßen. Die einen segeln um den halben Erdball, um in English Harbour Anker zu werfen, die anderen jetten von Europa und Amerika zum puren Urlaubsgenuß hierher. Fast alle Besucher jedoch haben eines gemeinsam: tagsüber an einem der 365 Strände zu relaxen und abends unter klarem Sternenhimmel bei Steelband-Klängen und Planter's Punch die karibische Inselromantik zu genießen.

Möglicherweise sind die starken Anziehungskräfte primär auf das Kontrastprogramm der 281 km² großen Insel zurückzuführen. Der gediegene Charme der liebevoll restaurierten Kolonialhäuser in English Harbour, die alten Gemäuer auf Shirley Hights, die Nobelherbergen, versteckt in den Palmenhainen entlang der Küste, und rundherum karibische Sonne, karibisches Wasser und noch ganz einsame Ankerbuchten. Die Traumwelt, die für uns Europäer gar nicht so weit entfernt liegt, steht aber zugleich dem Ruf, einer der korruptest Kleinstaaten in der Karibik sein. Die lokale Wochenzeitu „Outlet" berichtet kontinui lich über Korruption, Geldg und Mißwirtschaft der Reg rung. Die kriminelle Ener setzt sich fort bis in die u tersten Ebenen des Dien leistungsgewerbes. Taxifah weigern sich oft, das Wechs

ld zurückzugeben, und im permarkt muß man den Kasbon und das, was man in der te hat, sorgfältig überprüfen. n *Caribbean way of life* erbt man nur in den wenigen Orn entlang der Küste Antiguas e z. B. English Harbour und ly Harbour.

Der mit vielen Seitenarmen tief ins Land einschneidende English Harbour an der Südküste von Antigua gilt als Hurrikan-sicher und hat alle Einrichtungen und Reparaturbetriebe, die ein Fahrtensegler braucht. Sein unvergleichliches Ambiente macht diesen geschichtsträchtigen Ort zum Mekka der Segler und Motorbootfahrer aller Nationen in der Karibik. Zentrum des touristischen Lebens an Land ist Nelson's Dockyard, der Gebäudekomplex an der alten Hafenpier (oben rechts im Bild). Die Ruinen der alten Magazine, Offiziersunterkünfte und das Admiral's House wurden in den fünfziger Jahren von der Nicholson-Familie in liebevoller Kleinarbeit restauriert und in Restaurants, Hotels und ein kleines Museum umgebaut. Die Kolonialzeit und die ruhmreiche Vergangenheit der Admirale Nelson, Rodney und Hood, die von English Harbour aus ihre militärischen Operationen zur See führten, werden hier lebendig.

1 *Im Mauerwerk und in den Räumen steckt immer noch britische Tradition. Aus Ziegelsteinen errichtet, die einst als Ballast auf den Seglern hierhergebracht wurden, ist das Copper-and-lumber-Restaurant in Nelson's Dockyard heute ein stilvoller Treffpunkt für Segler aller Nationen zur „happy hour" und zum Captain's Dinner.*

2 *An Nelson's Dockyard machen Yachten aus aller Welt fest.*

3 *Die Einsteuerung in den English Harbour ist, wie man hier erkennen kann, völlig unproblematisch.*

4 *Das Leuchtfeuer auf Cape Shirley (Shirley Hights) ist seit Jahren verloschen, und der Feuerträger liegt am Boden. Das macht eine inselnahe Navigation bei Nacht unmöglich.*

5 *Gleich um die Ecke von English Harbour liegt Falmouth Harbour, eine mit vielen Untiefen versehene Ankerbucht. Bishop Shoal, ein gefährlicher Korallenstock im Einsteuerungsbereich, ist in Bildmitte gut zu erkennen.*

1

1 *Hinter dieser markanten Felshuk mit dem ebenso markanten Namen Winter Hill Point liegt die von Yachten wenig besuchte Carlisle Bay.*

2 *Das auch bei erfahrenen Karibikseglern gefürchtete Cade Reef im Südwesten von Antigua ist bei ruhiger See schlecht zu erkennen. Auf Kursen unter Segel und gegen die Sonne empfehle ich einen „guten Mann“ im Bugkorb, zumal der Strom hier unberechenbar setzt.*

3 *Einer der 365 Sandstrände von Antigua.*

4 *Buchten über Buchten entlang der Nordostküste von Antigua.*

2

3

4

Jolly Harbour Resort an der Westküste von Antigua, mit Marinakomplex, Hotel und 18-Loch-Golfanlage, entstand mit einem Kapitalaufwand von über 100 Millionen US-Dollar auf etwa 180 Hektar ehemaliger Salzsümpfe. Die komfortabel eingerichteten Ferienhäuser am Hafen, zum Teil mit Anlegesteg, kann man preisgünstig mieten. Für Inselrundflüge steht ein Helikopter bereit.
Jolly Harbour Marina und Boatyard (vorn im Bild) ist die einzige Full Service Marina auf Antigua, mit Custom & Immigration, sauberen Duschen, Reparaturmöglichkeiten, Landlagerung, Tankstelle, Wäscherei und erstklassigen Versorgungsmöglichkeiten. Restaurants, Supermärkte, Banken und Boutiquen sind zu Fuß erreichbar.
Mit eigenem Security System rund um die Uhr wird der Komplex bewacht wie Fort Knox.

1

2

3

4

1 *Die großflächigen Korallenriffe rund um Antigua erfordern besonders bei bedecktem Himmel eine sorgfältige Navigation.*

2 *Der North Sound an Antiguas Nordostküste ist durch Korallenriffe und Inseln gegen die Atlantikdünung bestens geschützt. Im Hintergrund die Anleger von Crabbs Marina.*

3 *Die Durchfahrt in den North Sound nördlich von Great Bird Island ist mit Riffen gespickt und nur bei idealen Wetterbedingungen passierbar.*

4 *Die stark gegliederte Ostküste Antiguas mit Buchten, eine schöner als die andere. Indian Town Point am linken Bildrand sollte in gebührendem Abstand umfahren werden, der Nordweststrom erreicht hier teilweise 2 kn Geschwindigkeit.*

Als eines der letzten Paradiese kann man die Nonsuch Bay im Osten von Antigua bezeichnen. Die weiträumige und durch ein geschlossenes Korallenriff gegen Seegang bestens geschützte Ankerbucht liegt fernab vom Touristenstrom. Mein Lieblingsankerplatz liegt in der Verlängerung des kleinen Sandstrandes der vorgelagerten Insel. Das Korallenriff daneben gibt es gratis dazu.

1

2

4

3

1 *Die kleine Ankerbucht südwestlich Green Island mit dem phantasievollen Namen Rikett Harbour gilt als Geheimtip unter den Karibikseglern.*

2 *Buchten, Sandstrände und Wasser in allen Farbschattierungen kennzeichnen das Küstenbild von Antigua.*

3 *Gegen Seegang völlig geschützt liegt man in dem kleinen Naturhafen Mamora Bay an der Südostküste von Antigua. Die Einsteuerung ist aufgrund der vorbildlichen Betonnung unkompliziert.*

4 *Das Mamora Bay vorgelagerte Korallenriff eröffnet dem Schnorchler eine noch völlig intakte Unterwasserwelt und mannigfaltigen Artenreichtum der hier lebenden Meerestiere.*

5 *Der exklusive St. James' Club mit der dazugehörigen Marina in der Mamora Bay bietet allen Komfort. Zieht man einen Liegeplatz in diesem nicht gerade wohlfeilen Club dem Ankerliegen vor, so ist es zweckmäßig, den Dockmaster rechtzeitig über Kanal 68 anzurufen.*

1

2

3

4

1 Gleich neben der Mamora Bay (oben) ist die enge und äußerst stille Ankerbucht Indian Creek. Hier liegt man völlig ungestört, nur die manchmal plötzlich einsetzenden Fallwinde stören das friedliche Bordleben. Im Hintergrund Mamora Bay.

2 Die Ankerbucht Cocoa Bay an der Südwestküste von Barbuda mit dem kilometerlangen weißen Sandstrand dahinter zählt zu den schönsten Ankerplätzen der Welt. Doch trotz der atemberaubenden Schönheit über und unter Wasser kommen nur wenige Yachten hierher, was wohl daran liegt, daß die Versorgungsmöglichkeiten gleich Null sind und die Navigation in den mit Korallenriffen gespickten Gewässern im Einsteuerungsbereich und rund um die Insel nicht gerade einfach ist.

3 Rifflandschaft Cocoa Bay, ein Paradies für Taucher.

4 Das Palaster Reef an der Südküste von Barbuda.

Guadeloupe

Aus der Vogelperspektive betrachtet, erinnert der Umriß der 1370 km² großen Insel Guadeloupe, die zum französischen Mutterland gehört, an einen Schmetterling, der seine Flügel in den schönsten Grünfarben auf dem blauen Wasser des Karibischen Meeres aufgeschlagen hat.

Die beiden Inselhälften von Guadeloupe bestehen aus völlig unterschiedlichen Bodenformationen: Der westliche Teil, Basse-Terre, liegt auf dem innerkaribischen Vulkansokkel, die östliche Inselhälfte, Grande-Terre, dagegen ist auf dem äußeren, korallinen Antillenbogen aufgebaut.

Die Nahtstelle dieser Doppelinsel bildet die Rivière Salée, eine schmale Wasserstraße, die die beiden Meeresbuchten Grand Cul-de-Sac Marin und Petit Cul-de-Sac Marin miteinander verbindet.

Die bewaldeten Gebirge von Basse-Terre sind durchzogen von tiefen Schluchten mit kleinen, kristallklaren Bächen und Wasserfällen. Die Vorgebirge fallen an der Westseite stellenweise steil ins tiefe Wasser ab, und die Küste mit den wenig Buchten bietet keinen siche Schutz. Auf Grande-Terre gegen ist die flache Küst ebene landschaftsbestimme Weiße, mit Palmen umsäu Sandstrände, durch Koralle bänke geschützte Buchten türkisgrünem Wasser und f benfrohe Ansiedlungen ke zeichnen die Küste.

Ebenso kontrastreich ist au das Klima der beiden Inselhä ten, bedingt durch die unt schiedliche Höhe: Die warm Feuchtigkeitsmassen, die Nordostpassat fast das gar

ır über mit sich führt, kühlen h an dem bis auf 1467 m an- igenden Gebirgsrücken von sse-Terre ab und bilden riesi- Wolkentürme. Entsprechend die Niederschlagsmenge: er werden bis zu 8000 mm ederschlag pro Jahr gemes- ı, während es an der Ostküste ı Grande-Terre nur 600 bis 0 mm sind.

Zentrum des wirtschaftlichen bens ist Pointe-à-Pitre, eine ıdt mit sicherem Naturhafen d einer ausgezeichneten Ma- a, die sich im besten karibi- ıen Licht zeigt.

Aber, wo viel Licht ist, ist auch viel Schatten: 1843 wurde Pointe-à-Pitre durch ein starkes Erdbeben fast gänzlich zerstört, und von den historischen Bauten blieb nach dem Wiederaufbau nicht mehr viel übrig. 1899 fiel ein großer Teil der Stadt einer Feuersbrunst zum Opfer. Kaum hatte sie sich wieder erholt, fegte 1928 ein Hurrikan über die Karibik, der die Stadt fast dem Erdboden gleichmachte; mehrere hundert Inselbewohner kamen zu Tode.

In neuerer Zeit wurde Guadeloupe von zahlreichen Wirbelstürmen heimgesucht. An „David" und „Frederik" denken die Bewohner noch mit Schrecken zurück, und einer der letzten Superwirbel richtete so hohen Sachschaden in der Stadt und auch in der Marina du Bas-du-Fort an, daß eine Vielzahl Yachten auf Grund ging oder stark beschädigt wurde.

Jetzt sind die in die Landschaft und Marinas gerissenen Wunden verheilt, und die karibische Sonne scheint wieder wie eh und je.

Im smaragdgrünen Wasser liegt das tropische Idyll Îlet-à-Caret, geschützt durch ein 5 sm langes Wallriff im Grand Cul-de-Sac Marin im Norden von Basse-Terre. In den Seekarten ist das Inselchen nahe der Riffdurchfahrt Passe-à-Caret zwar eingetragen, aber nicht namentlich genannt.

1 *Die Anse Deshaies im Nordwesten von Guadeloupe mit dem auffallenden Küstenvorsprung Pte. du Gros Morne ist idealer Platz für den Landfall und für die Einklarierung in französische Gewässer, wenn man aus nördlichen Richtungen kommt. Bei stabilem Tradewind-Wetter liegt man in der nach Westen weit offenen Bucht gut geschützt auf etwa 5 bis 12 m Wassertiefe und gut haltendem Sandgrund. Die Saumriffe und Felsen im südlichen Teil der Bucht sind gute Schnorchelgebiete.*

1

2

3

4

2 *Der pittoreske Ort Deshaies liegt malerisch im Scheitel der gleichnamigen Bucht; die weiße Kirche mit der roten Turmspitze mitten im Ort stellt eine gute Orientierungshilfe dar. Unbedingt zu empfehlen ist eine Wanderung durch den Regenwald entlang des Deshaies-Flüßchens. In poolartigen Becken kann man in dem klaren Quellwasser baden und sich nachhaltig erfrischen. Die wichtigsten Lebensmittel, Getränke und Stangenweißbrot gibt es im Ort. Eine Fülle von Frischfisch und Obst wird an den Markttagen angeboten.*

3 *Die Anleger der Hauptstadt Basse-Terre an der Südwestküste der gleichnamigen Inselhälfte sind Bananenfrachtern und Fährschiffen vorbehalten, Yachten machen hier selten fest. Das Ankern auf der Reede davor ist kritisch: Die Küstenbank fällt steil ins Meer ab, der Ankergrund ist teilweise blanker Fels.*

4 *Die Anse à la Barque ist eine der wenigen Ankerbuchten an der Westküste von Guadeloupe, auszumachen an 7 m hohem Turm auf der Nordhuk.*

Die Marina du Bas-du-Fort liegt etwa 1 sm südöstlich von Pointe-à-Pitre, und aufgrund der guten Betonnung und Befeuerung im Ansteuerungsbereich und der Lichtverhältnisse innerhalb der Marina kann sie zu jeder Zeit angelaufen werden.
Mit ihrer enormen Liegeplatzkapazität, den guten Reparatur- und Servicebetrieben und der Vielzahl von Restaurants bildet die großzügige Anlage das Zentrum des Segelsports im Bereich von Guadeloupe. Im hinteren Teil haben die Charterfirmen VPM und Moorings ihre Basis.
In die Lagon Bleu dahinter – hier ausnahmsweise ohne Segelboote – gelangt man durch einen engen Kanal; in der Lagune hat die Charterfirma Stardust ihren Stützpunkt.

1 *Am südöstlichen Zipfel von Grande-Terre liegt versteckt und durch das vorgelagerte Riff gut geschützt die Marina du St.François, im Bild oben links zu sehen. Die Riffdurchfahrt – Passe Champagne – ist gut betonnt, unter normalen Wetterbedingungen kann man ohne Probleme in diesen engen Kanal einsteuern. Ein schöner Ankerplatz liegt rechts neben der Hafeneinfahrt.*

2 *Die Südostküste von Grande-Terre.*

es des Saintes

:h bei den Seglern unter ländischer Flagge hat es sich gst herumgesprochen, daß schönsten Ankerplätze von ıdeloupe um die Inselgruppe des Saintes, speziell im Bereich der Insel Terre d'en Haut, zu finden sind.

Liegt man hier in einer der sicheren Buchten mit glasklarem Wasser bei strahlender Sonne vor Anker und schaut hinüber zum „Regenloch" Pointe-à-Pitre, wo wieder einmal ein kräftiger Schauer vom wolkenverhangenen Himmel heruntergeht, kann man auch die Guadeloupianer verstehen, die ihre Freizeit hier verbringen wollen und deshalb mit allem, was schwimmt, besonders am Wochenende die Ankerplätze bevölkern. Hauptziel dieser Armada ist allerdings die Reede von Bourg-des-Saintes; ruhige Ankerplätze findet man selbst in der Hochsaison weiter westlich und im südwestlichen Teil der kleinen Insel Îlet-à-Cabrit.

Ankerplatz Anse du Bourg, links im Bild der malerische Ort Bourg-des-Saintes, Treffpunkt der Segler aller Nationen. Ein ruhiger Ankerplatz liegt direkt vor dem Feinschmecker-Restaurant „Le Foyal" im Einsteuerungsbereich. Bei der Ansteuerung dieser malerischen Bucht aus nördlichen Richtungen ist besonders auf die Klippen La Baleine zu achten.

1 *Terre d'en Haut und Îlet-à-Cabrit, in Bildmitte die Ankerbucht Anse du Bourg mit dem Ort Bourg-des-Saintes, daneben der Miniflughafen.*

2 *Die Reede der Anse du Bourg ist besonders an Wochenenden stark frequentiert. Da bei unseren französischen Nachbarn die gute Küche im Vordergrund steht, gibt es im Ort Bourg-des-Saintes eine Vielzahl guter Restaurants. Besonders empfehlen kann ich die Speisekarte und den Service vom „Le Foyal" (links im Bild); für den kleineren Hunger bietet sich neben der Pier das kleine Restaurant „La Pizzeria" an, Spezialität: Pizza und Fisch in allen Variationen.*

3 *Südwestlich vom markanten Felsvorsprung Le Pain de Sucre liegt die Anse-à-Cointe, bei ruhigem Wetter eine schöne Ankerbucht mit glasklarem Wasser zum Schwimmen und Schnorcheln.*

1

2

3

1

1 *Die Anse-à-Cointe mit dem Felsen Le Pain de Sucre etwas näher betrachtet.*

2 *Geheimtip Nr. 1 ist der Ankerplatz südwestlich der Îlet-à-Cabrit. Bei Ruhe, Abgeschiedenheit und glasklarem Wasser genießt man hier die Liegetage in karibischer Atmosphäre, Bilderbuch-Sonnenuntergänge eingeschlossen.*

Dominica

Die mit 751 km² zweitgrößte der Windward Islands, die Vulkaninsel Dominica zwischen den „Franzoseninseln" Guadeloupe und Martinique, ist seit 1978 unabhängig als Commonwealth of Dominica. Das Inselinnere mit den höchsten Bergen Morne Diablotin und Morne Trois Pitons, beide über 1400 m, ist mit einem dichten Vegetationsteppich überzogen. Der tropische Urwald, der die Hügel und Berge bedeckt, ist nahezu undurchdringlich, mit Flüssen und Bächen, die in tiefe Schluchten hinabstürzen, und einer unvorstellbaren pflanzlichen Vielfalt, in der es von Leben nur so wimmelt. Hier leben noch in Freiheit die letzten Sisserou-Papageien, der grüngefiederte Wappenvogel, der auch Dominicas Nationalflagge schmückt.

Besiedelungsschwerpunkte sind Roseau im Südwesten und Portsmouth im Nordwesten. Luxuriöse Herbergen im Country-House-Stil mit mediterranem Ambiente wie z. B. auf St. Marten bilden einen krassen Gegensatz zu den alten, verwitterten Holzhäusern entlang der Ufer. In einem Reservat im Nordosten leben mehr schlecht als recht noch einige hundert Kariben, deren Vorfahren im Schutz des dichten Urwaldes dem weißen Mann entkamen.

Der Touristenstrom, das gilt auch für den Yachttourismus, zieht immer noch an der Insel vorbei, es fehlt an entsprechender Infrastruktur, an Hotelkapazität und Marinas. Die Inselpolitiker und ein Großteil der Bevölkerung wollen Natur, Lebensraum und ihre Kultur schützen und erhalten.

Der einzige sichere Ankerplatz, im Nordwesten der Insel, liegt innerhalb der etwa 2,5 sm langen Prince Rupert Bay, zwischen Prince Rupert Point und Pointe Ronde. Portsmouth im Scheitel der Bucht besteht zum größten Teil aus westindischen Bretterbuden, aber was wären die karibischen Inseln ohne diese Orte.

Unter dem Tiefwasserhafen Roseau im Südwesten der Insel versteht die Hafenbehörde die Reede von Woodbridge Bay; diesen Ankerplatz betrachten selbst anspruchslose Westindienfahrer als Zumutung.

Ich habe, unter kritischen Flugbedingungen, über Jahre hinweg mehrfach vergeblich versucht, die Westküste von Dominica aus der Luft zu fotografieren, zuletzt im März 1998, doch entweder war die Wolkendecke zu tief oder Fallwinde und extreme Turbulenzen ließen im 1000-Fuß-Bereich das Fotografieren nicht zu.

3 DIE WINDWARD ISLANDS

KARIBIK
PUR

Die Tobago Cays in den Grenadinen. Die kleine Inselgruppe östlich von Mayreau wird durch das riesige Horse Shoe Reef geschützt, ein hufeisenförmiges Korallenriff, das die Atlantikdünung abhält.

Martinique, St. Lucia, Mustique, Carriacou, Palm Island – das sind Namen, die ins Ohr gehen und besonders bei den Seglern Adrenalinstöße auslösen und die Sehnsucht nach Schiffsplanken, palmenumsäumten Stränden, türkisgrünem Wasser und Steelband-Musik wecken.

Selbst „knallige“ Reiseprospekte können die wirkliche Schönheit dieser Inselwelt kaum darstellen. Der Charakter der einzelnen Inseln jedoch, der sich im Lebensstil der Bewohner und in den Zivilisationsabstufungen widerspiegelt, ist von Insel zu Insel verschieden.

Besonders kraß sind die Gegensätze zwischen dem französischen Martinique und den unabhängigen Inselstaaten weiter nach Süden hin bis Grenada. Das Nord-Süd-Gefälle beruht in erster Linie auf der schlechten Wirtschaftslage, die auch nach der politischen Selbständigkeit nicht nachhaltig verbessert wurde. Man kann auf den Tourismus schimpfen wie man will, aber auf diesen „armen“ Inseln ohne natürliche Ressourcen ist er eine der tragenden Säulen für Wirtschaftswachstum und Wohlstand des einzelnen.

Während sich die landschaftlich schöne Insel St. Vincent für den Besucher immer noch als Paradies mit Hinterhof präsentiert, hat man z. B. auf Bequia erkannt, daß der Hoteltourismus und jeder Dollar, den die Chartercrews ins Land bringen, das Einkommen vieler Familienväter sichert und neue Arbeitsplätze schafft.

Die Aggressivität, mit der Touristen früher konfrontiert wurden, hat in den letzten Jahren auf einzelnen Inseln spürbar nachgelassen.

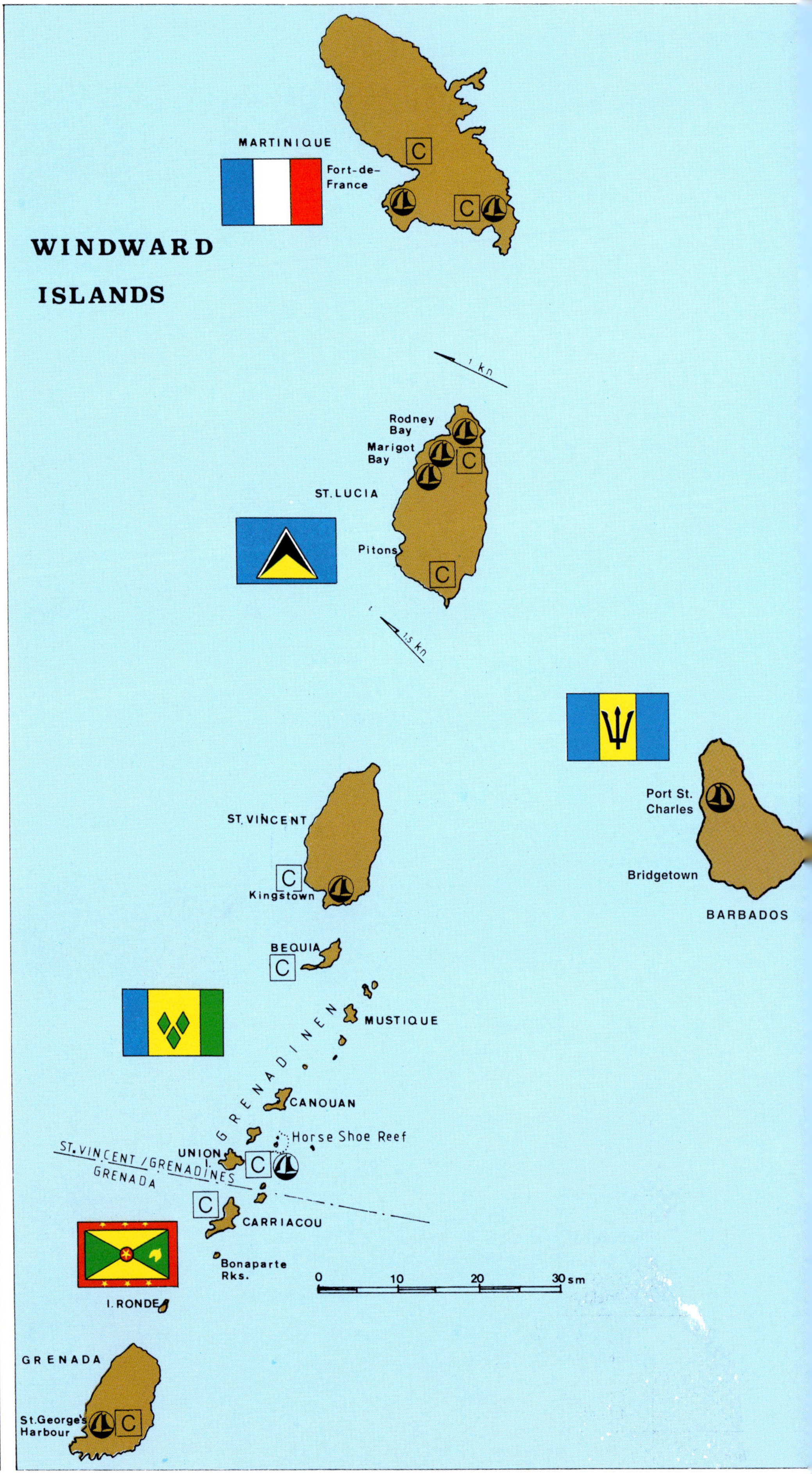

e 1080 km² große, gebirgige sel Martinique ist die nördhste und möglicherweise ch die schönste der Windrd-Gruppe. Im Norden bilt der ruhende, aber nicht erschene, 1397 m hohe Vulkan ont Pelée die höchste Erheng.

An den Gebirgshängen regn sich die tropischen Wolken , und das Regenwasser wird 70 Flüssen und Bächen durch rwinkelte Schluchten zu Tal tragen.

Hier im Norden wird die trosche Vegetation von vielen lmenarten, Riesenfarnen und ahagonibäumen in satten üntönen bestimmt. Weiter ch Süden hin ändern sich das Klima und das Landschaftsbild: Die Wälder werden von Bananen- und Zuckerrohrplantagen und einer exotischen Vegetation abgelöst. In der tropischen Sonne wuchern Hibiskus und Bougainvillea in den schönsten Farben. Ananas, Orangen, Bananen, Maracujas, Papayas und Goyavas wachsen wie bei uns das Unkraut im Garten. Überall werden die Früchte auf den Straßen und Märkten angeboten.

Die Kariben nannten ihre Insel „Madinina", was soviel wie Blumeninsel bedeutet. Trotz der starken Besiedelung ist Martinique eine Blumeninsel und ein Stück Natur großer Vielfalt geblieben.

inklarierungsorte (Customs and Immigrations)		
artinique	Fort-de-France Cul de Sac Marin	Ponton Abrit Côtier Marina
t. Lucia	Rodney Bay Castries* Marigot Bay Vieux Fort Anmerkung: Gleichzeitiges Ein-/Ausklarieren möglich, 72h pre-clearance	Marina Handelsmole am Dingi-Anleger
t. Vincent	Kingstown Wallilabou Bequia Union Island Anmerkung: Kingstown wird zum Einklarieren nicht empfohlen, schwieriges Anlegen, lange Wege zu mehreren Stellen (Zoll/Polizei)	Handelsmole Ankerbucht Port Elizabeth Clifton Harbour
arriacou	Hillsborough	am Anleger
renada	St. George's Prickly Bay	Gebäude GYS Marina
inweis	Die Grenze der Hoheitsgewässer von St. Vincent und Grenada verläuft zwischen Petit St. Vincent und Petit Martinique (siehe Plan Windward Islands auf Seite 138).	
problematisch		

Vier Ereignisse in der Geschichte von Martinique haben das Leben seiner Bewohner nachhaltig beeinflußt:

1815 wird die Insel auf dem Wiener Kongreß Frankreich zugesprochen.

1848 wird die Sklaverei, die durch persönliche Order von Napoleon auf den französischen Antillen wiedereingeführt wurde, von dem gebürtigen Elsässer Victor Schoelcher endgültig abgeschafft, und aus 72 000 Sklaven werden freie Bürger Martiniques.

1902 bricht der Vulkan Mont Pelée aus und begräbt die damalige Hauptstadt St. Pierre und 30 000 Menschen unter seiner Asche.

1946 wird Martinique end-

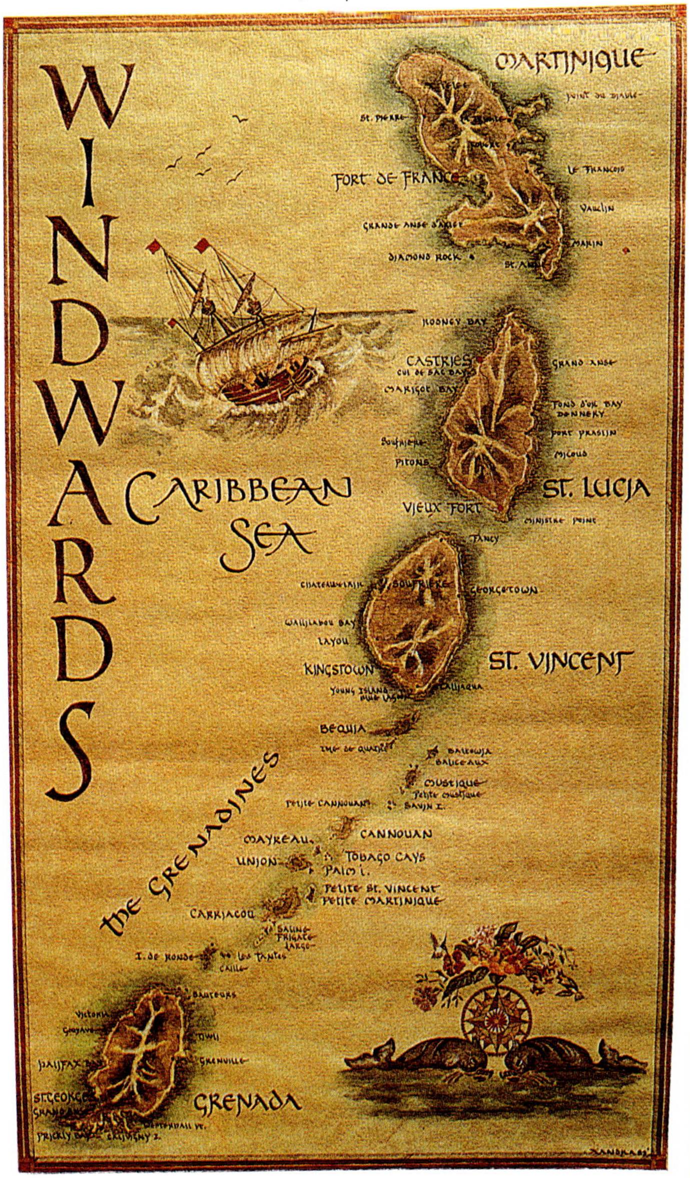

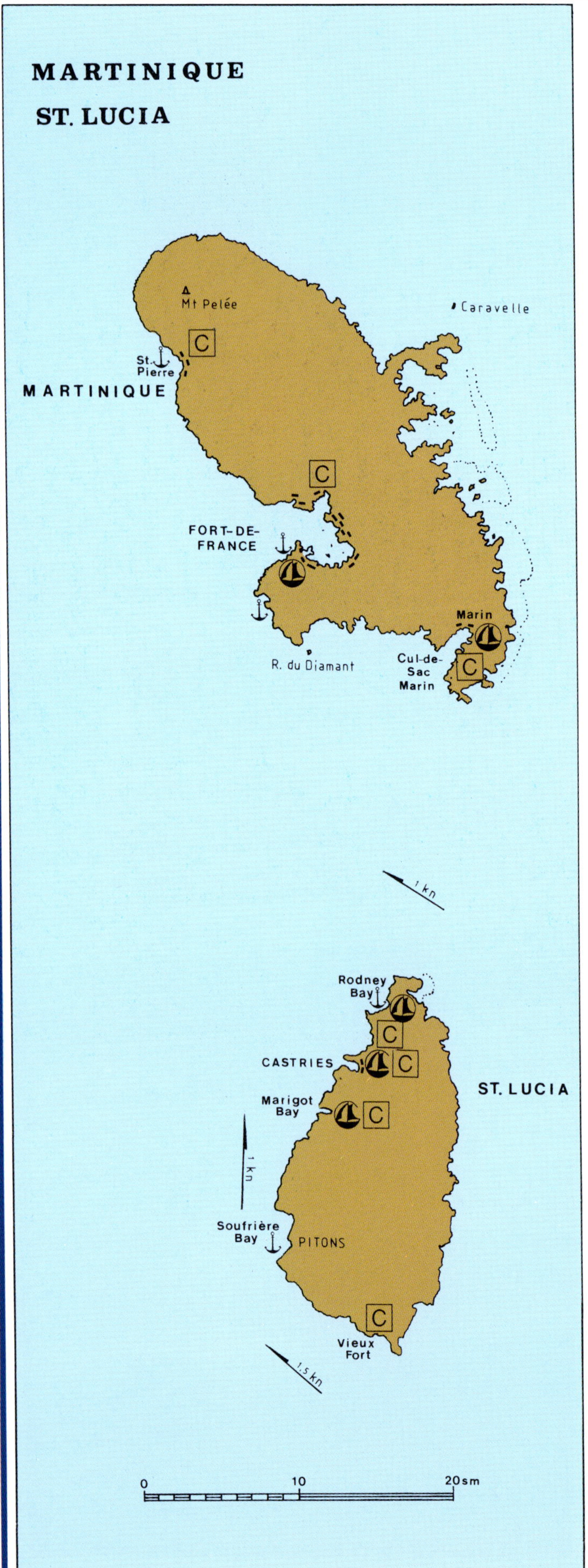

gültig französisches Übersee-Département, und die Bewohner werden französische Staatsbürger.

Von den etwa 350 000 Inselbewohnern leben heute 100 000 in der Hauptstadt Fort-de-France. Der Rest verteilt sich auf die Städtchen und Fischerorte, wo sich der Tagesablauf in lebendiger karibisch-französischer Eigenstruktur ohne touristische Hektik gestaltet.

Die Menschen mit ihrer natürlichen Anpassungsfähigkeit, ihren Traditionen, ihrer Musik und Kultur sind ein Stück dieser Insel, und man fragt sich, ob das Land die Menschen prägt oder die Menschen das Land.

Eines ist jedenfalls sicher: In dem Rassenschmelztopf Martinique hat das Land die Menschen geprägt, zumindest was die Schönheit der Mädchen und Frauen anbetrifft.

Die kleine Marina Pointe du Bout südlich von Pte. du Bout an der Südwestküste ist die sicherste Marina auf Martinique überhaupt. Die Versorgungsmöglichkeiten sind gemessen am Angebot in Fort-de-France eher spärlich und die Waren zudem teuer. Zum Dieselbunkern muß man den Anleger des Bakoua-Hotels außerhalb der Marina in der Anse Mitan anlaufen (rechts im Bild vor der Bucht); hier gibt es auch Würfeleis und einen Tante-Emma-Laden. Regelmäßiger Fährservice verbindet Pointe du Bout stündlich mit der Inselhauptstadt Fort-de-France.

1 *In der gut geschützten Ankerbucht Anse Mitan (Anse de Cocotiers) südwestlich Pte. du Bout liegen in der Hochsaison bis zu einhundert Yachten vor Anker. Am Strand entlang reihen sich neun Hotels mit einem riesigen Bettenangebot und ungefähr ein Dutzend Restaurants mit zum Teil mäßigem Niveau wie z. B. „Langouste"; wirklich empfehlenswert ist die „Villa Créole".*

2 *Nur wenige Yachten laufen die Ankerplätze hinter den vorgelagerten Korallenbänken an der Ostküste von Martinique an. Für die Navigation stehen kaum Tonnen und andere Schiffahrtszeichen zur Verfügung, und im Extremfall setzt im 100-m-Bereich der Strom aus völlig unterschiedlichen Richtungen in verschiedener Stärke.*

1

2

3 *Die mit Riffen gespickte Ostküste von Martinique. Die Grundvoraussetzungen für eine sichere Riffdurchfahrt sind ruhige See, hohe Sonne und exakte Navigation anhand von Seekarten mit großem Maßstab unter Beachtung der Angaben in den Seehandbüchern. Zudem benötigt man einen Mann im Bugkorb, der mit der Augapfelnavigation vertraut ist.*

1

2

3

1 *Rocher du Diamant, ein 176 m hoher Felsbrocken vor der Südküste von Martinique, erhielt im Januar 1804 von den britischen Seestreitkräften den Status eines Kriegsschiffes und wurde mit Schiffsartillerie, Offizieren und Mannschaften bestückt.*
Als HMS Diamond Rock war der Felsen im Dienste Seiner Majestät für die Franzosen fast zwei Jahre uneinnehmbar. Erst als rein zufällig ein Schiff in der Nähe strandete und rein zufällig 50 Fässer Rum vor dem Felsen trieben, war kurze Zeit später das Schicksal der Besatzung von HMS Diamond Rock besiegelt, und der Felsen wurde wieder das, wozu er am besten geeignet ist: ein Paradies für Vögel.

2 *Hier, um den südlichsten Punkt von Martinique, setzt immer ein kräftiger Strom, der besonders den Seglern auf östlichen Kursen das Leben schwermacht, zumal einem dann auch noch der Wind ins Gesicht bläst.*
Im Vordergrund unter anderen die Inseln Îlet Cabrit und Table au Diable.

3 *Die tief nach Nordosten ins Land eingeschnittene Cul-de-Sac Marin, in Bildmitte die Reede von St. Anne.*

St. Lucia

Die 616 km² große, vulkanische Insel wurde in den siebziger Jahren aufgrund ihrer immer noch intakten Natur, ihrer Ursprünglichkeit und der Vielfalt von Sehenswürdigkeiten auch für den europäischen Tourismus attraktiv, zumal die Kriminalität, besonders im Bereich der Rodney Bay, in den letzten Jahren erheblich zurückgegangen ist.

Wer ein wenig Abenteuerlust mitbringt und die harten Schiffsplanken mit den Schlaglöchern der Inselstraßen vertauscht, der findet zwischen den Pitons, zwei markanten, steil aufragenden Felskegeln, Wahrzeichen von St. Lucia, im Südwesten und Pigeon Island im Norden noch ein Stück wirklicher Karibik. Entlang der kurvenreichen Straße an der Westküste ist ein Panorama schöner als das andere.

Sehenswert sind das quirlige Fischerdorf Anse la Raye und der pittoreske Ort Soufrière. Höhepunkt des Inselausflugs ist der Besuch des aktiven Vulkans La Soufrière mit seinen Schwefelquellen. Dicht daneben findet man in einem liebevoll angelegten botanischen Garten die Diamond Falls mit den aus der französischen Kolonialzeit stammenden Schwefelbädern, in deren heilendem, milchigem Schwefelwasser man für wenige Dollar die von der Autofahrt angeschlagenen Bandscheiben beruhigen kann.

Marigot Bay ist auch von Land aus betrachtet eine der schönsten Buchten im karibischen Raum. Das richtige Gefühl und das Kribbeln in den Zehen kommt aber erst dann auf, wenn man von See her in dieses kleine Paradies einsteuert. Für den Film „Dr. Doolittle“ mit Rex Harrison in der Hauptrolle diente die Bucht 1966 als Kulisse.

Die weiter nördlich gelegene Hauptstadt Castries wurde 1948 durch eine Feuersbrunst zu 80 Prozent zerstört; heute wirkt sie auf den Besucher eher modern, aber immer noch kolonial-karibisch in den verrücktesten Farben.

Pigeon Island am Nordwestzipfel von St. Lucia hat seinen Inselcharakter 1970 eingebüßt, als man das Sumpfgelände dahinter auszubaggern begann und Schutt und Sand auf das Korallenriff zwischen St. Lucia und Pigeon Island ins Meer kippte. So entstanden die Rodney Bay Marina und der Damm, der die Inseln heute miteinander verbindet.

Rückblickend erkennt man die strategische Bedeutung von Pigeon Island und der geschützten Ankerbucht daneben, die 1717 erstmalig auf einer französischen Seekarte mit Le Gros Islet bezeichnet ist, ein Name, den die Bucht heute noch trägt. Piraten, angeführt von dem Normannen François le Clerc, einem Piratenkapitän mit Holzbein wie aus dem Bilderbuch, waren um 1550 die ersten europäischen Siedler auf Pigeon Island.

Später lieferten sich Franzosen und Briten erbitterte Kämpfe um diesen strategisch wic tigen Punkt und die Vorhe schaft in Westindien. Na einer Pechsträhne für die fra zösischen Admirale ging e Teil ihrer Flotte hier auf Gru und die Insel St. Lucia an d britischen Eroberer. Pigeon land wurde mit einem Fort be stigt und die Bucht als Marir basis ausgebaut. Von hier l Admiral Rodney am 2. Febru 1781 mit seiner Flotte aus, u der niederländischen Insel Eustatius, der zur damalig Zeit wohl reichsten Hande metropole in den Leewards, d Garaus zu machen. St. Eus tius, der goldene Felsen, wur im Handstreich erobert und v Rodney zur Plünderung freig geben.

Nach dem Ende der Koloni kriege wurde es ruhig um d Bucht Gros Islet; heute gehör die Ruinen von Fort Rodney den historischen Sehenswü digkeiten von St. Lucia, u statt der Piraten- und Krieg schiffe von einst ankern Moto und Segelyachten friedlich der Bucht.

1 *Im Nordwesten von St. Lucia liegt in einer künstlich angelegten Lagune die Rodney Bay Marina, die größte und modernste Marina der Windward-Inseln. Rund um die Lagune haben sich in den letzten Jahren Servicebetriebe, Restaurants, Lebensmittelgeschäfte und eine leistungsfähige Werft angesiedelt, alle in wenigen Gehminuten oder mit dem Dingi zu erreichen. Neben Tradewinds haben die Charterfirmen Austro Yachting und Sunsail Yachts hier ihre Stützpunkte. Die Rodney Bay Marina mit ihrem Umfeld ist einer der wenigen Orte innerhalb der Windward-Inseln, wo (fast) alles zu haben ist und Reparaturen am Schiff mit Fremdhilfe möglich sind. Die Einsteuerung ist für Yachten mit einem Tiefgang bis 2,30 m unproblematisch. Die Feuer auf den Wellenbre chern sind eindeutig zu nied rig angebracht, brennen auc nicht immer, und nach jedem tropischen Sturm sind sie zer stört. Empfehlen kann ich da Restaurant „Charthouse“ un zur „happy hour“ besonders das „Eagle's Inn“.*

Mit seinen zwei Hügeln ist eon Island – mit den erresten von Fort Rodney – e unverkennbare Landmarke, wenn man die laubgrüne Insel St. Lucia aus nordwestlichen Richtungen ansteuert. Besonders in den heißen Sommermonaten ist das Liegen vor Anker in der Gros-Islet-Bucht hinter Pigeon Island angenehmer als in der windstillen Rodney Bay Marina. Auch der schöne Park spendet wohltuenden Schatten, wenn man zum Fort Rodney wandert.

2

Castries, die Inselhauptstadt mit dem Tiefwasserhafen Port Castries, liegt reizvoll und durch Berge geschützt an der Nordwestseite von St. Lucia. Die Architektur des Stadtkerns wirkt im Gegensatz zu anderen Karibikstädten ziemlich modern – zahlreiche Erdbeben, Wirbelstürme und Großfeuer haben die farbenfrohen Holzhäuser aus der Kolonialzeit zerstört. Allein 80 % der Bausubstanz fielen 1948 einer Feuersbrunst zum Opfer.
Dieser Naturhafen hatte schon in der Geschichte eine große strategische Bedeutung. Engländer und Franzosen kämpften jahrelang verbissen und verlustreich um den Besitz der Insel. Die letzte Kriegshandlung ereignete sich hier während des Zweiten Weltkrieges, als ein deutsches U-Boot nachts auf Sehrohrtiefe in den Hafen einlief und einen Frachter mit einem Torpedo in zwei Teile schoß. Jetzt erlebt Castries einen wirtschaftlichen Aufschwung. Die moderne Entwicklung der Stadt hat den Kreuzfahrttourismus ins Budget und in den Tagesablauf einbezogen. Jährlich machen Hunderte von Kreuzfahrtschiffen an Pointe Seraphine fest, und die Passagiere haben die Möglichkeit, im Shopping-Center zollfreie Waren einzukaufen oder mit dem Hubschrauber zu einem atemberaubenden Rundflug über die Insel zu starten.

Die Landschaft der Traumbucht Marigot Bay an St. Lucias Nordwestseite ist selbst für die Karibik einmalig, und mit Sicherheit bleiben die Palmenkulisse auf der Landzunge, das Vogelgezwitscher aus den Mangroven, die Sonnenuntergänge und das westindische Drumherum nachhaltig in der Erinnerung der Besucher haften.
Schon beim Einlaufen kommen die „fliegenden" schwarzen Händler mit ihren traditionell grell bemalten Kanus ans Schiff mit dem Begrüßungsspruch: „Hi Skip, you need Bananas, Fish or maybe a Taxi?" Bald ist man sich handelseinig, und die Bananenstaude hängt unterm Bimini und die Korallenkette um den Hals.
Die Versorgungsmöglichkeiten des Stützpunktes der Charterfirma Moorings sind erstklassig. Das Ambiente in den beiden Restaurants „Hurrican Hole" und „Doolittle" ist für karibische Verhältnisse außergewöhnlich, die Küche und der Service im „Hurrican Hole" verdienen meines Erachtens eher noch einen Stern mehr.
In der gut geschützten und perfekt getarnten Bucht versteckte sich einst ein britischer Admiral vor der vorbeisegelnden französischen Flotte, indem er die Masten seiner Schiffe mit Palmenwedeln dekorierte, um anschließend seine Kriegsschiffe in eine strategisch bessere Position zu bringen.

1 *Sonnenuntergang von der Marigot Bay aus betrachtet. Stimmungsvoller geht's nicht.*

2 *Das Haus mit dem auffallenden roten Dach auf dem Hügel rechts im Bild weist in die Einfahrt zu der romantischen Marigot Bay.*

3 *In den Seehandbüchern ist die liebliche Anse Chastanet, nur 1 sm nordwestlich von Soufrière an der Südwestküste von St. Lucia gelegen, nicht beschrieben. Ein ruhiger Tagesankerplatz wie aus dem Bilderbuch, ideal zum Schnorcheln an dem Riff im Vordergrund und mit einer gut bestückten Bar für den Sundowner.*

1

2

3

1 Das Ankern in der Soufrière Bay ist eine echte Alternative zu dem kritischen Ankerplatz zwischen den Pitons. Dem malerischen Ort Soufrière im Scheitel der Bucht sollte man unbedingt einen kurzen Besuch abstatten.
Der beste Ankerplatz befindet sich im Norden der Bucht vor dem Hotel „Hummingbird", festgemacht wird vor Heckanker liegend mit langer Leine zur Palme. Der Küchenzettel und die Piña Coladas des Open-air-Restaurants „Hummingbird" haben auf Segler eine magische Anziehungskraft.

2 Die beiden fast 800 m hohen Pitons, Wahrzeichen von St. Lucia, sind aus südlichen Richtungen kommend schon auf große Entfernung zu erkennen. Dazwischen liegt die berühmt-berüchtigte Ankerbucht Anse de Pitons, im Bildvordergrund der Tagesankerplatz Anse Chastanet.

3 Der einzige sichere Ankerplatz in der Anse de Pitons liegt südlich von Petit Piton. Das Ankermanöver ist aufregend und nicht selten ein Geduldsspiel, wenn die Fallwinde von Nordosten durch die Pitons pfeifen und der Anker auf dem blanken Fels in 30 m Tiefe nicht hält. Schon kurz nachdem man in die Anse de Pitons eingelaufen ist – der Skipper voll konzentriert auf das bevorstehende Ankermanöver, die Crew noch vom Anblick der Pitons überwältigt –, wird das Stimmungsbild lautstark von schwarzen Jugendlichen unterbrochen, deren Dienstleistungsgeschäft aus dem Annehmen der Bugleine und Festmachen an einer Palme besteht. Man sollte diesen Service gegen ein paar EC-Dollar in Anspruch nehmen; die Sache ist es wert, und man erspart sich möglicherweise einigen Ärger. Die Pitons – für die Einheimischen sind sie übrigens „die beiden Stöpsel der Vulkane".

1

2

3

St. Vincent und die Grenadinen

In der 1. Auflage dieses Buches hieß es: „Um es vorweg zu sagen: St. Vincent sollte man möglichst aus dem Törnplan streichen..."

Das mag heute nur noch für die Hauptstadt Kingstown zutreffen, denn in den letzten Jahren hat sich bezüglich des Yachttourismus' einiges zum Positiven verändert, und dies nicht zuletzt wegen der sachlichen Kritik ausländischer Autoren, was mir auch von den Behörden bestätigt wurde.

Einer der Schritte in die richtige Richtung war die Einrichtung eines Einklarierungsbüros an der Westküste von St. Vincent in der Ankerbucht Wallilabou, außerdem die staatliche Aufklärung der Bevölkerung, daß auch Kleinkriminalität gegenüber Touristen hart bestraft wird.

Wenn St. Vincent weiterhin auf den Yachttourismus setzt, muß auch die erforderliche Infrastruktur geschaffen werden – erst dann wird diese wunderschöne Insel für uns Yachties attraktiv. Ein gutes Beispiel ist der neue Stützpunkt von Sunsail in der Blue Lagoon.

Je südlicher man in den Bereich des Grenadinen-Archipels kommt, desto einsamer werden die Strände, die Farben des Wassers werden leuchtender, und die Uhren gehen generell langsamer.

Der geruhsamere Lebensrhythmus der Inselbewohner überträgt sich sehr bald auch auf die Crew, und Überraschunge an Land und an Bord we den gelassener hingenomme Selbst der Ausfall der elektr schen Wasserpumpe wird nic als bordinterner Notstand ang sehen, man behilft sich vielme nach dem westindischen Mott „Don't worry, be happy."

Die Tagesschläge werde kürzer, und im Bereich d Tobago Cays kann es se schnell passieren, daß der Tör plan geändert wird, weil d Crew das Schnorcheln in de Korallengärten dem Sege vorzieht.

1 *Die Blue Lagoon im südwestlichsten Zipfel von St. Vincent ist der einzige akzeptable Ankerplatz mit Bojenfeld, der auf der Insel zu finden ist. In der von Korallenriffen umgebenen Bucht liegen die Stützpunkte von Sunsail und Barefoot Yacht Charter, ein kleines Restaurant und ein Palmenstrand wie aus dem Bilderbuch zum Ausruhen.*

2 *Es gibt zwei Riffdurchfahrten in die gut geschützte Blue Lagoon: Die südliche, unmarkierte Passage ist zwar tief, aber eng und gewunden; ortsunkundige Skipper sollten unter keinen Umständen diese Durchfahrt riskieren – das bestätigen die alljährlichen Unfälle. Die mit Pricken markierte westliche Passage ist von See gut zu erkennen; bevor man jedoch mit der Einsteuerung beginnt, muß man sicher sein, daß die oft zitierte Handbreit Wasser immer noch unter dem Kiel ist und keine auslaufende Yacht entgegenkommt. Besonders in den Monaten April, Mai und Juni kann die Wassertiefe bei Niedrigwasser 1,60 m betragen! Am besten überprüft man sie vom Dingi aus mit dem bewährten Handlot, oder man ruft Sunsail auf Kanal 68.*

3 *Hier im Young Island Cut, in der Durchfahrt zwischen Young Island und St. Vincent, liegen die Yachten vor Anker, die auf das Hochwasser warten, um in die Blue Lagoon zu gelangen. Im Hintergrund die Blue Lagoon mit dem Riff (an der Brandung zu erkenne Die Tragfläche im Bild möge man mir verzeihen, auch Piloten haben manchmal mit Fallböen zu kämpfen.*

2

3

1

2

3

4

1–4 *Nicht nur wegen ihrer Schönheit ist die Admiralty Bay auf Bequia Etappenziel fast aller Yachten auf nördlichen und südlichen Kursen. Das Ein- und Ausklarieren in Port Elizabeth verläuft zügig und unkompliziert, und anschließend zieht es Skipper und Crew mit magischer Kraft ins „Frangipani“ zur „happy hour“. Beim Planter's Punch und Lemon Daiquiri werden Informationen mit anderen Crews ausgetauscht, und beim Sonnenuntergang ist klar: Bequia muß mit dem Mietauto erforscht werden.*

1

2

3

1 *Nur erfahrene Riffpiloten wagen die Einfahrt zum Ankerplatz The Pool (Basin) an der Ostküste von Canouan. Sollte sich eine Wolke vor die Sonne schieben, sorgt der Ankerplatz hier zwischen Taffia Hill und Friendship Hill schon für ausreichende Adrenalinstöße.*

2 *So werden Besucher auf Union Island willkommen geheißen.*

3 *Eine Ketsch vor Anker in den südlichen Grenadinen.*

4 *Die Einsteuerung in Clifton Harbour an der Südostküste von Union Island ist nicht ganz einfach, besonders wenn man das erste Mal in diesen mit Korallenriffen vollgepackten Hafen einläuft, der im eigentlichen Sinne gar kein Hafen ist, sondern nur eine Bucht, die in Luv durch das Newland's Reef (Thomson Reef) geschützt ist. Auch im Hafenbecken ist man vor Riffen nicht sicher. Das Roundabout Reef mitten im Hafen teilt die Reede in zwei Ankerbereiche. Wie an vielen Orten in der Karibik, muß man auch hier davon ausgehen, daß Seekarten und Hafenpläne nicht auf dem neuesten Stand sind. Der Ort Clifton ist eine Mini-Metropole in den Grenadinen. Restaurants, Kolonialwarenlädchen mit spärlichem Angebot, Boutiquen und Souvenirgeschäfte, die auch Seekarten anbieten, bestimmen das Straßenbild. Der kleine Flughafen oberhalb des Hafens ist Drehscheibe zu den Nachbarinseln. Tagesbesuche auf Union Island und Daycharter sind „in". Viele Charterfirmen haben Union Island als Schiffsübergabeort bei One-way-Charter im Programm.*

5 *Bei der Ansteuerung von Clifton Harbour orientiert man sich, von Norden kommend, zuerst an dem Newland's Reef, an den grünen und braunen Farben im Bild gut zu erkennen. Der Abstand zu Palm Island an Backbord sollte kürzer sein als zu Union. Die Hafeneinfahrt ist gut betonnt.*

4

5

Bei der Ansteuerung von Clifton Harbour auf Union Island von Süden ist die südliche Riffkante des Newland's Reefs gut zu erkennen – des Schnorchlers Traum, des Skippers Alptraum.

Die tatsächliche Größe des Roundabout Reefs inmitten von Clifton Harbour auf Union Island.

Die Reede von Clifton Harbour, im Vordergrund das Roundabout Reef.

ie tropische Schönheit ılm Island, die keinen 'unsch offenläßt, liegt nur sm östlich von Clifton arbour. Weißer Sand, ılmen bis ans hellblaue 'asser, eine gepflegte Hotellage und das Riff südlich der Insel – ein Eldorado für Schnorchler und Taucher. Der eigenwillige John Caldwell, in karibischen Seglerkreisen als Coconut John bekannt, segelte 1965 mit seiner Frau Mary an diesem lieblichen Eiland entlang, und zumindest bei John war es Liebe auf den ersten Blick. Der Anker fiel, ein Pachtvertrag für 99 Jahre wurde unterschrieben, und in harter Arbeit wurde das Buschwerk abgeholzt, wurden Kokosnüsse in den Sand gesteckt, und Zug um Zug entstand mit Yankee-Know-how eine Bungalow-Anlage mit karibischem Charme.

1 *Ankerplatz an der Westküste von Palm Island.*

2 *Karibik-Impressionen.*

3 *Palm Island, im Hintergrund Union mit Clifton Harbour.*

3

1 *„Welcome“-Schild auf Palm Island.*

2 *Passage zwischen Palm Island und Union Island mit Clifton Harbour im Hintergrund.*

2

Tobago Cays

Die Tobago Cays, eine kleine Inselgruppe östlich von Mayreau gelegen, sind alles in allem gesehen das Schönste und Farbenprächtigste, was die Karibik zu bieten hat.

Die vier unbewohnten Eilande Petit Rameau, Petit Bateau, Baradal und Jamesby sind geschützt durch das riesige Horse Shoe Reef, ein Korallenriff, das nahezu hufeisenförmig die Inselgruppe wie ein Schutzwall umschließt und die Atlantikdünung abhält.

Das Kaleidoskop der Farben von Dunkelblau bis Türkis, die intimen Sandstrände mit einem Dutzend Palmen und Wasser so klar wie Kristall, sichere Ankergründe und der ständige Passat – dieses Seglerparadies liegt in den Grenadinen auf 12°38′N und 061°21′W, bekannt als die Tobago Cays.

Die Einsteuerung ist einfacher, als es sich auf den üblichen Seekarten darstellt. Am sichersten gelangt man zu den Ankerplätzen hinter dem Riff mit einem Kompaßkurs von 142° durch die nordwestliche Einfahrt unter Zuhilfenahme der beiden Richtbaken, wie es die Skizze unten zeigt. Die Ansteuerung von Südwesten (Kompaßkurs 070°) sollte man nur bei gutem Licht riskieren. Die in der Skizze angegebenen Wassertiefen innerhalb der Passagen und hinter dem Riff wurden von mir selbst vor ein paar Jahren gelotet und dürften bis zum nächsten Hurrikan Gültigkeit haben.

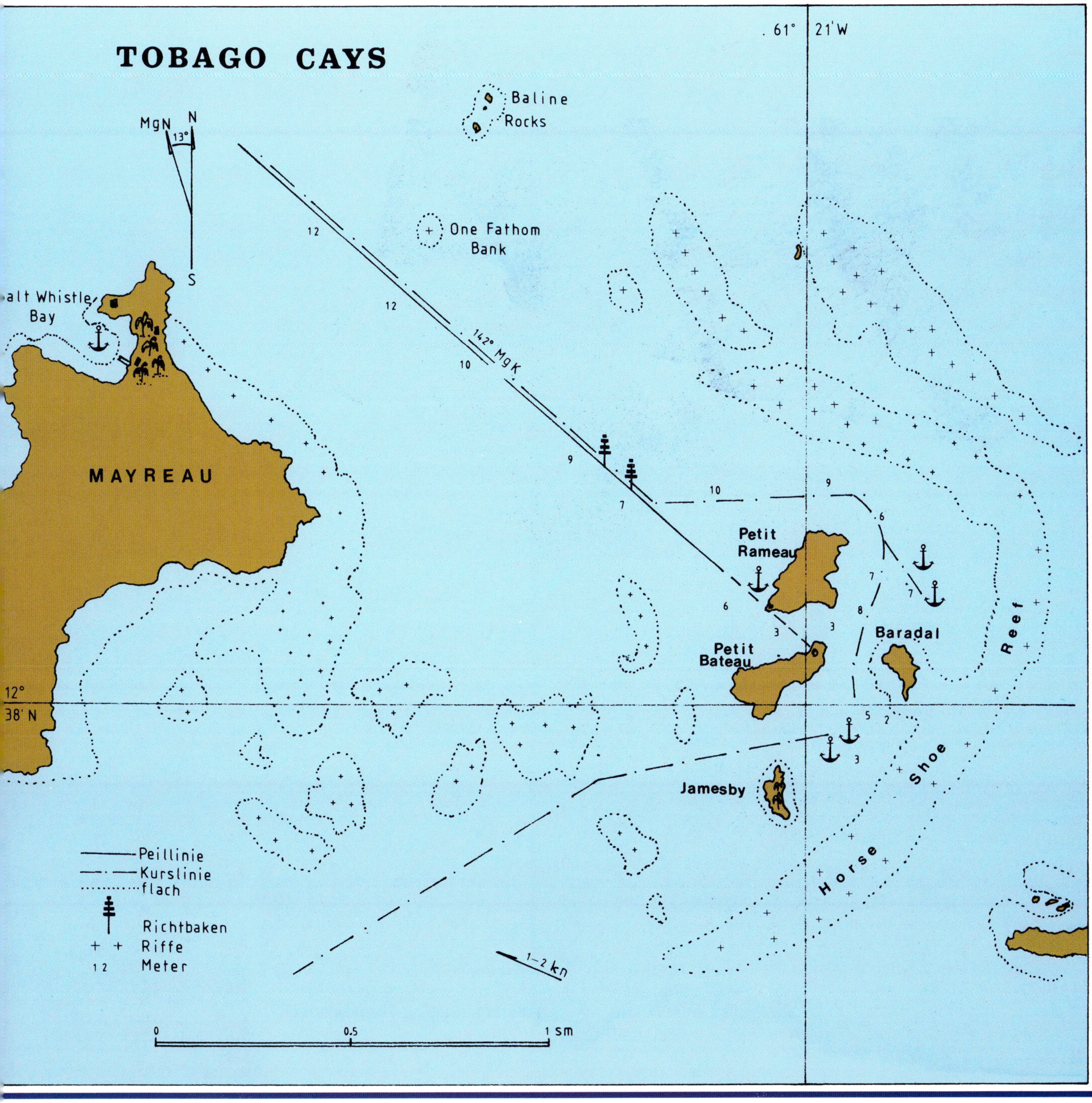

1 *Ein kleines Paradies und ein Ankerplatz zum Träumen zwischen den Tobago Cays und dem Horse Shoe Reef.*

2 *Farben wie aus dem Malkasten von Chagall und Wasser so klar wie der Gin im Glas: die Tobago Cays.*

3 *Passage zwischen Petit Bateau und, im Vordergrund, Petit Rameau mit den beiden Ansteuerungsbaken.*

Der kleine Sand-strand mit einem Dutzend Palmen lohnt einen Ausflug mit dem Dingi.

1

2

1 Ein Farbspektakel in Blau und Grün – die Tobago Cays mit dem Horse Shoe Reef.

2 Riff-Impressionen.

3 Die Salt Whistle Bay im Norden von Mayreau rangiert an oberster Stelle auf der Schönheitsskala der mir bekannten Ankerplätze in der Karibik.
Als ich vor Jahren meinen Stegnachbarn auf Mallorca fragte, warum er sein Schiff ausgerechnet SALT WHISTLE getauft habe, kam die spontane Antwort: „Das ist die schönste Bucht, die ich bis heute gesehen habe...“
Vor dem Einsteuern sollte man allerdings die Seehandbücher studieren und sich mit den Besonderheiten dieser Schönheit vertraut machen. Das Korallenriff im Süden und Südwesten der Bucht kann zumindest für das Ruderblatt gefährlich werden, wenn der Wind nachts dreht und der Schwell in die Bucht läuft.
Die besten Ankerplätze sind inmitten der Bucht auf etwa 3 bis 4 m Wassertiefe.
Versteckt im Palmenhain auf der Landzunge liegt eine kleine Bungalow-Hotelanlage mit Bar und Restaurant; die Besitzer, ein deutsch-kanadisches Ehepaar, sind über Kanal 68 für die Tischbestellung zu erreichen. Rufzeichen: Salt Whistle Bay...

3

1 *Mit diesem farbenfrohen Schild wird der Segler in der Salt Whistle Bay auf Mayreau an Land begrüßt.*

2 *Die kleine Insel Petit St. Vincent (sprich P.S.V.) mit ihren weißen Stränden und gefürchteten Riffen rundherum ist die südlichste Grenadineninsel, die noch zum Hoheitsgebiet von St. Vincent gehört. Der traumhaft schöne Ankerplatz im Süden ist erstklassig geschützt. Ähnlich wie in den nahegelegenen Tobago Cays ist auch hier die Unterwasserwelt noch völlig intakt; ein schönes Schnorchelrevier findet man am Riff südlich von Petit St. Vincent, hier links im Bild zu sehen. Lebendige Langusten gibt es bei den Fischern an Land; 500 Gramm kosten etwa 15 EC-$. Weitaus teurer ist das Dinner in dem einzigen Restaurant der Insel, zudem muß man essen, was gerade auf den Tisch kommt. Das Beste in der gepflegten Anlage des P.S.V.-Resort-Restaurants sind die Piña Coladas an der Bar und der herrliche Blick auf die Bucht.*

An der nordwestlichen Riffbegrenzung von Petit St. Vincent hat sich dieser kleine Sandfleck gebildet, auf einigen Seekarten als Mopion bezeichnet. Die höchste Erhebung der Postkarteninsel liegt 70 cm über dem Meeresspiegel, der Sonnenschirm aus Holz und Palmenzweigen nicht mitgerechnet. Eine kleine Oase zum Ausruhen nach dem Schnorcheln im Riff. Im Hintergrund Union Island.

Die Hauptstadt von Grenada, St. George's, liegt reizvoll an einem Naturhafen, in dem Kreuzfahrtschiffe und Yachten aller Nationen festmachen. Findet man keinen Platz innerhalb der Marina Grenada Yacht Services (GYS), geht man am besten in der Lagune (The Lagoon) neben der Marina vor Anker. Reparaturen an Schiff und Motor sind in Grenada preiswert, zuverlässige und gut ausgebildete Handwerker kann man über GYS anfordern.

Grenada

Ähnlich wie die anderen Karibikinseln kann Grenada seit seiner Entdeckung durch Kolumbus am 15. August 1498 auf eine turbulente Geschichte zurückblicken, aber auf kaum einer anderen Insel wurden solch erbitterte Kämpfe ausgetragen wie auf dem 345 km^2 großen Grenada.

Bis 1648 scheiterten die Besiedelungsversuche am heftigen Widerstand der damaligen karibischen Inselbewohner. Erst nachdem man die Kariben dezimiert und den Rest in die unwegsamen Wälder vertrieben hatte – die letzten stürzten sich in einem Akt der Verzweiflung vom Morne des Sauteurs ins Meer und begingen Selbstmord –, konnten französische Invasoren von der heutigen Inselhauptstadt St. George's aus das Inselinnere besiedeln.

Jahrelang kämpften die französischen und britischen Kolonialmächte auch auf dieser Insel um die Vorherrschaft, 1783 wurde Grenada im Versailler Vertrag endgültig Großbritannien zugesprochen. Während der Kolonialzeit wurden auf dem fruchtbaren Boden unter Einsatz von Sklaven vor allem Tabak und Zuckerrohr angebaut, im 19. und 20. Jahrhundert wurde die Agrarwirtschaft umgestellt auf den Anbau von Bananen, Kakao, Muskatnüssen, Zimt, Nelken und Zitrusfrüchten – kein Wunder, daß die Insel bei uns den Beinamen Gewürzinsel erhielt.

In die Weltpresse geriet Grenada 1983: Die sozialistische Regierung unter Maurice Bishop hatte Investoren und Touristen ernsthaft verunsichert und als Folge die Insel in ein wirtschaftliches Chaos gestürzt.

Der Fidel-Castro-Freund verfolgte jetzt ehrgeizige Großprojekte wie den Bau eines internationalen Flughafens. Kubanische und sowjetische Bürger in sozialistischer Einheitskleidung lösten im Straßenbild die bunt gekleideten Touristen ab. Die Hotels wurden geschlossen, und während meines damaligen Besuches habe ich für kurze Zeit miterlebt, wie es mit der Versorgung der Bevölkerung und mit der Wirtschaft rapide bergab ging.

Als auch noch die persönliche Freiheit der Bürger eingeschränkt wurde, lief das Faß über, und innerhalb der politischen Führung kam es zu Machtkämpfen. Bishop verlegte zwangsläufig für kurze Zeit seinen Regierungssitz in die Gefängniszelle. In tumultartigen Aktionen wurde er von seinen Anhängern befreit, aber anschließend mit weiteren Kabinettsmitgliedern von der Armee exekutiert.

Die allgemeine Situation geriet außer Kontrolle, die friedliche Koexistenz selbst mit den Nachbarinseln stand auf dem Spiel.

Die politisch weitsichtige Premierministerin der 130 sm weiter nördlich liegenden Insel Dominica schaltete sich in den Konflikt ein und bat in geheimen Gesprächen den damaligen US-Präsidenten Ronald Reagan um militärische Hilfe. Der Hilferuf aus Dominica deckte sich mit den außenpolitischen Interessen der Vereinigten Staaten und führte im Oktober 1983 zu der US-Invasion auf Grenada, an der auch kleine Einheiten der Nachbarinseln Dominica und Barbados mitwirkten. Der Spuk war bald vorüber, man beklagte nur wenige Tote auf beiden Seiten, Goliath hatte David besiegt.

Nach einer Übergangsregierung ist der Zwergstaat seit 1984 wieder eine parlamentarische Demokratie. Die Hotels sind wiedereröffnet, und der Tourismus hat in den letzten Jahren zaghaft begonnen, auf dieser landschaftlich schönen Insel abermals Fuß zu fassen.

1

2

3

1 *Die Südküste von Grenada, eine Bucht schöner als die andere. Bei Seglern mit Abstand am beliebtesten ist die Prickly Bay – dort, wo im Bild die meisten Yachten zu sehen sind. Die Mt. Hartman Bay, rechts im Bild, ist erst in den letzten Jahren durch Moorings populär geworden, die eine vorbildliche Marina und Hotelanlage im Nordwestteil der Bucht gebaut haben. Die Riffdurchfahrten zur Secret Harbour Marina sind gut betonnt und werden regelmäßig von Moorings gewartet.*

2 *So präsentiert sich das pittoreske St. George's entlang der „Carenage".*

3 *Zwei kleine Inselfrachter, die ohne Fahrplan zwischen den Inseln verkehren, haben an der Mole im Westteil der Carenage festgemacht.*

4 *Am Ostufer der Prickly Bay liegt die Spice Island Marina, umgeben von Palmen, Grünanlagen und den kleinen Holzgebäuden, die Zoll, Restaurant, Werkstätten und Minimarkt beherbergen. Egal, ob man vor Anker liegt oder am Steg festgemacht hat: Man trifft sich um 17.30 Uhr im Boatyard-Restaurant zur „happy hour".*

4

Barbados

Die 431 km² große Insel Barbados ist der östlichste Außenposten der karibischen Inselkette. Die erste Besiedelung begann im Februar 1627 durch einen verwegenen Haufen von 80 Halunken und Freibeutern, die mit ihren Schiffen unter englischer Flagge an der Westküste von Barbados vor Anker gingen.

Heute blickt Barbados auf eine 350jährige parlamentarische Monarchie zurück, die politischen und sozialen Verhältnisse sind stabil.

Zuckerrohranbau und -verarbeitung sowie der Tourismus sind die tragenden Säulen der Wirtschaft. Die Inselregierung hat in den letzten Jahren enorme Anstrengungen unternommen, um die strukturellen Nachteile gegenüber anderen Karibikinseln abzubauen und für die schnell wachsende Bevölkerung mehr Kleinindustrie wie z. B. „Offshore"-Datenverarbeitung und Produktion von Textilien zu schaffen. Die Voraussetzungen sind äußerst gut, das Klima ist das beste in der Karibik, die Kriminalität ist gering – die Polizei trägt keine Waffen. Die touristische Infrastruktur mit etwa 200 Hotels und Gästehäusern ist ausgezeichnet, und hinzu kommt die beispiellose Gastfreundschaft der Bajans.

Für den Segler liegt die Insel außerhalb der klassischen Windward-Islands-Routen.

Von den südlichen Inseln aus muß man, um hinzukommen, gegen den Passat aufkreuzen. Je nach Jahreszeit ist es nur von Martinique aus möglich, Barbados auf einem Bug anzusteuern.

Weil es an maritimer Infrastruktur mangelt, steuern zahlreiche Transatlantiksegler als erstes Ziel jenseits des Atlantiks St. Lucia oder Martinique an. Es gibt keine öffentlichen Marinas auf der Insel, und der Tiefwasserhafen ist kein schöner Ort zum Einklarieren – nur Artisten schaffen es, vom Schiff auf die Kaimauer zu klettern. Die klassischen Ankerplätze liegen in der weit offenen Carlisle Bay vor Bridgetown und vor den Hotels entlang der Westküste. Die C
renage ist das Zentrum der I
selhauptstadt Bridgetown, hi
machen Küstenfrachter u
örtlich registrierte Yachten fes

Eine Verbesserung wird ei
treten, wenn die im Bau befin
liche Exklusivmarina Po
St. Charles an der Nordwes
küste fertiggestellt ist.

1 *Die weit offene Carlisle Bay vor Bridgetown, Hauptankerplatz von Barbados. Im Vordergrund das Hotel „Hilton".*

2 *Das kleine Naturhafenbecken „The Carenage" ist das Zentrum der Inselhauptstadt. Hier machen vor allem Küstenfrachter fest sowie Motor- und Segelyachten, die in Tagescharter zum Fischen fahren.*

3 *Der Fischerhafen, westlich von Bridgetown gelegen.*

4 *Im Tiefwasserhafen nordwestlich von Bridgetown schaffen es nur Artisten, von der Yacht aus auf die Kaimauer zu klettern.*

Die von der Brandung zerklüftete Ostküste Barbados'. Transatlantiksegler steuern als erstes Ziel jenseits des Atlantiks nicht unbedingt diesen „Vorposten" der karibischen Inselwelt an, sondern St. Lucia oder Martinique. Denn es gibt auf Barbados noch keine Marinas, die europäischem Standard entsprechen – bis auf die im Bau befindliche Luxusmarina an der Nordwestküste. Gleichwohl: Die kürzeste Route mit Ausgangspunkt Gran Canaria führt auf Barbados zu. Es ist auch die schnellste, und die Windverhältnisse sind am stabilsten, weil man früh den Passat erreicht. Die Ankerplätze vor Bridgetown in der Carlisle Bay sollten grundsätzlich von Norden entlang der Westküste angesteuert werden.

Die Inseln der Kleinen Antillen

Insel	*Politischer Status*	*Hauptstadt*	*Sprachen*	*Währungen**	*Fläche km²*	*Flughafen*	*Marina*
U.S. Virgin Islands	Organized Unicorporated Territory of the United States of America	Charlotte Amalie	Englisch	US-$	344	Cyril. E. King	x
British Virgin Islands	Britische Kronkolonie mit innerer Selbstverwaltung	Road Town	Englisch	US-$	175	Beef Island	x
Puerto Rico Spanish Virgin Islands	Durch einen Commonwealth-ähnlichen Vertrag Teil der USA. Die Puertoricaner sind amerikanische Staatsbürger, haben aber keine Stimme im Kongreß oder Senat der USA. Innenpolitisch ist die Regierung weitgehend autonom.	San Juan	Spanisch/ Englisch	US-$	8897	Luis Manoz Marin Intl.	x
Anguilla	Autonomer, mit Großbritannien assoziierter Staat (WIAS)	Sandy Ground	Englisch	EC-$ US-$	88	Wallblake	–
St. Martin	Französisches Département Guadeloupe	Marigot	Französ. Englisch	FF US-$	54	L'Espérance	x
St. Maarten	Niederländische Antillen Überseeprovinz mit innerer Autonomie	Philipsburg	Englisch Holländ.	NLf US-$	34	Prinzessin Juliana Airport	x
St. Barthélemy (St. Barths)	Französisches Département Guadeloupe	Gustavia	Französ.	FF US-$	22	St. Barths Airport	x
Saba	Niederländische Antillen, Übersee-provinz mit innerer Autonomie	The Bottom	Holländ. Englisch	NLf US-$	13	Irancho Airport	–
St. Eustatius (Statia)	Niederländische Antillen Überseeprovinz mit innerer Autonomie	Oranjestad	Holländ. Englisch	NLf US-$	21	Franklin D. Roosevelt	–
St. Christopher (St. Kitts)	Selbständig als Federation of St. Christopher and Nevis seit 1983	Basse Terre	Englisch	EC-$	169	Golden Rock Airport	–
Nevis	Selbständig als Federation of St. Christopher and Nevis seit 1983	Charlestown	Englisch	EC-$	93	Newcastle Airport	–
Barbuda	Selbständig als State of Antigua and Barbuda seit 1981	Codrington	Englisch	EC-$	162	Barbuda Airport	–
Antigua	Selbständig als State of Antigua and Barbuda seit 1981	St. John's	Englisch Patois	EC-$	280	V.C. Bird International	x
Montserrat	Britische Kronkolonie	Plymouth	Englisch	EC-$	102	Blackburne Airport	–
Guadeloupe	Französisches Département	Basse-Terre	Französ. Kreolisch	FF	1370	Le Raizete	x
Marie Galante	Französisches Département Guadeloupe	Grand-Bourg	Französ.	FF	158	Les Bases	–
Îles des Saintes	Französisches Département Guadeloupe	Bourg-des-Saintes	Französ.	FF	14	Aerodrome	–
Dominica	Unabhängig seit 1978	Roseau	Englisch Patois	EC-$	751	1 Melville Hall 2 Canefield	–
Martinique	Französisches Département	Fort-de-France	Französ.	FF	1080	Lamentin	x
St. Lucia	Konstitutionelle Monarchie im britischen Commonwealth	Castries	Englisch Kreolisch	EC-$	616	1 Vigie 2 Hewanorra	x
St. Vincent and Grenadines	Konstitutionelle Monarchie im britischen Commonwealth	Kingstown	Englisch Patois	EC-$	390	Arnos Vale	x
Grenada	Unabhängig seit 1974	St. George's	Englisch Kreolisch	EC-$	345	Point Salines	x
Barbados	Unabhängig seit 1966	Bridgetown	Englisch Bajan	BDS-$	431	Grantley Adams	–

* US-$ = US-Dollar
EC-$ = East Caribbean Dollar
FF = Französische Franc
NLf = Niederländische Antillen-Gulden

Informationen und Hinweise

Bedeutung der Symbole in den Plänen

⚓ Ankerplatz

Ⓜ Marina

[C] Zoll/Einklarieren (Customs)

inreiscformalitäten

eutsche benötigen für die inreise auf allen Inseln einen ıindestens noch sechs Monate iltigen Reisepaß; es besteht ein Visumzwang. Diese Regeng gilt allerdings nur für die inreise mit Linien- und wenien Charterflugzeugen direkt x Bundesrepublik Deutschnd. Bei absehbaren Zwihenaufenthalten innerhalb er Kleinen Antillen mit Weirflug nach St. Juan (Puerto ico) oder Miami mit einer örtchen Fluggesellschaft (Inselopper) empfehle ich dringend n US-Visum, das unkomplirt zu beschaffen ist; sonst ann es passieren, daß die örtline Fluggesellschaft die Beförerung in die USA verweigert nd der Anschluß nach Europa erpaßt wird.

in- und Ausklarieren

as Einklarieren erfolgt auf st allen Inseln zügig und unürokratisch, Besonderheiten erden im Rahmen der einzelen Inselbeschreibungen erähnt.

Beim Einklarieren müssen orgelegt werden:

die Pässe der gesamten Crew

eine Crewliste (Name, Nationalität, Geburtsort/Datum, Paßnummer und Position an Bord)

die Schiffsdokumente (Chartervertrag)

das „Clearance Paper" (dieses Papier wird beim *Ausklarieren* vom Custom Officer ausgestellt und ist bis zum nächsten Einklarieren ein wichtiges Dokument)

eisezeit

ufgrund der maritimen Lage nd des beständig wehenden ordostpassats ist praktisch as ganze Jahr über Reisesaion. Nur selten überschreiten ie Temperaturen 30°C, auch nd die Niederschläge, besonders auf den flachen Inseln, geringer als auf dem tropischen Festland.

Mit kurzen Regenschauern muß allerdings immer gerechnet werden. In den Monaten des europäischen Sommers kommt es oft zu kräftigen Regengüssen, die Luftfeuchtigkeit erreicht ihre höchsten Werte, und der Wind wird schwächer.

Die Meerwassertemperaturen sind geringfügig niedriger als die Lufttemperaturen, nur im Juli/August sind Luft und Wasser gleich warm; besonders in den flachen Sandbuchten steigt dann die Wassertemperatur auf etwa 29°C.

Das tropische Klima Westindiens ist für den aus den gemäßigten Breiten kommenden Touristen am schönsten und angenehmsten in der Zeit von Dezember bis April, der Hochsaison, die kurz vor Weihnachten beginnt und bis Ostern dauert. Die Hotel- und Dienstleistungskosten und die Chartergebühren für Yachten sind dann freilich in der Regel doppelt so hoch wie in der übrigen Zeit.

Wenn wirtschaftliche Gesichtspunkte mit in die Reiseplanung einfließen, sind die Monate Mai, Juni und November für uns Europäer eindeutig die beste Reisezeit; denn die Wetterbedingungen sind noch erstklassig, die Buchten und Ankerplätze sind nicht überlaufen, Tischreservierungen in den Restaurants entfallen, und das Preis-Leistungs-Verhältnis stimmt.

Klima und Windverhältnisse

● Temperaturen

Sowohl geographisch als auch klimatisch gehören die Kleinen Antillen zum tropischen Bereich. Die Tagestemperaturen auf Meeresniveau sind das ganze Jahr hindurch ziemlich konstant und betragen im Jahresmittel 26,7°C. Charakteristisch sind die Jahresmitteltemperaturen mit der geringen Temperaturdifferenz von etwa 3°C zwischen dem wärmsten und dem kältesten Monat. Die Temperatur-Tagesamplituden sind jedoch stärker ausgeprägt; daher spricht man von einem Tageszeitenklima, im Gegensatz zu außertropischen Gebieten, wo ein thermisches Jahreszeitenklima die Natur bestimmt.

Die Wassertemperatur in den flachen Sandbuchten steigt bis 28°C und sinkt fast nie unter 23°C, also ideal zum Baden und Schnorcheln.

Doch Vorsicht: Die Sonnenstrahlen treffen ungefiltert durch das klare Wasser auf den Körper, und Wassertropfen können wie Brenngläser wirken.

Als guter Schutz hat sich ein Hemd mit langen Ärmeln bewährt, das beim Schwimmen und Schnorcheln konsequent getragen wird.

● Regen

Obwohl die karibischen Inseln von den thermischen Jahreszeiten nicht beeinflußt werden, kommt es zu einer niederschlagsarmen (Dezember bis April) und einer niederschlagsreichen Zeit (Mai bis November). Diese hygrischen Jahreszeiten werden primär durch den Sonnenstand bestimmt und durch die Erwärmung des Meerwassers beeinflußt. Dies wird in den Sommermonaten an der Luvküste der gebirgigen Inseln sehr deutlich, wenn die mit Feuchtigkeit gesättigte warme Luft auf die kühleren Inselgebirge auftrifft und sich dort in kräftigen Regenschauern abregnet.

● Passat

Primär wird das Wetter in der Karibik von den beständig wehenden Passatwinden oder Tradewinds bestimmt, wie sie in der englischen Seemannssprache bezeichnet werden. Tradewinds – Handelswinde deshalb, weil im Zeitalter der Handelssegler die Schiffe mit dem Wind kursgenau von Europa nach Afrika und Westindien fuhren und so die Handelsdreiecksrouten Europa – Afrika mit Flinten, Perlen und Tand, Afrika – Westindien mit Sklaven und Westindien – Europa mit Rum, Zucker und „Kolonialwaren" ausbauen konnten.

Die dominierenden Winde kommen im Winter mit einer Geschwindigkeit von 15 bis 20 kn aus nordöstlichen Richtungen, ab Mai dreht der Passat weiter auf Ost, und im Sommer kommt er schwach aus Ostsüdost, selten stärker als mit 15 kn.

● Hurrikane

Klima und Windverhältnisse im karibischen Raum sind für Urlauber und die Anhänger des „Wasserbreitensports" Segeln, Tauchen, Surfen geradezu ideal; aber jedes Paradies hat seine Schlange: Hier sind es die Hurrikane.

Gelegentlich werden das beständige Passatwetter und der Lebensrhythmus der Inselbewohner von einem der gefürchteten tropischen Wirbelstürme unterbrochen, und zurück bleibt Verwüstung.

Die Entstehung der Hurrikane ist noch nicht restlos geklärt, eine der wesentlichen Voraussetzungen für die Hurrikanbildung aber ist die großflächige Erwärmung des Meeres auf mindestens 27°C. Die Hurrikangeburt findet weit draußen im Atlantik zwischen dem 10. und 20. Grad nördlicher Breite aus einer *tropical depression* statt. In der Entwicklung bis zum Hurrikan zieht das Tiefdruckgebiet weiter westwärts in den karibischen Raum und dann parabelförmig mit einer unberechenbaren Bahn und einer Wanderungsgeschwindigkeit von 25 bis 50 km/h in Richtung Nordwesten bis Nordosten.

Die Frühwarnsysteme der US-amerikanischen Behörden und die anschließenden Radiomeldungen der einzelnen Inselstaaten funktionieren ausgezeichnet. Die Erfahrungen der letzten Jahre haben gezeigt, daß man aufgrund der Vorwarnzeit von mehr als 40 Stunden rechtzeitig Vorsorge treffen kann.

Als „offizielle" Hurrikansaison wird von unterschiedlichen Stellen die Zeit zwischen dem 1. Juni und dem 30. September genannt; ich habe die Daten von 761 Wirbelstürmen im Zeitraum zwischen 1886 und 1977 (Quelle: Met. Curaçao) ausgewertet mit dem Ergebnis, daß die Hurrikangefahr auch im Oktober relativ groß ist.

Schiffahrtszeichen

Die schwimmenden und festen Schiffahrtszeichen im karibischen Raum sind äußerst dürftig, und es muß offen gesagt werden, daß die in der Karte angegebenen Tonnen und Leuchtfeuer nicht immer als sichere Navigationsmarken zu gebrauchen sind.

In den karibischen Gewässern wurde 1984 das Betonnungssystem „B“ eingeführt. Als wichtigstes Merkmal dieses Systems der amerikanischen Seitenbezeichnung liegen von See kommend an der *Steuerbordseite* des Fahrwassers *rote* Spitztonnen mit weißen geraden Nummern und an der *Backbordseite* des Fahrwassers *grüne* Stumpftonnen mit weißen ungeraden Nummern. Befeuerung: Rot beziehungsweise Grün.

Währungen und Devisen
Die Währung auf Puerto Rico und den Virgin Islands ist der US-Dollar. Innerhalb der Kleinen Antillen sind vier offizielle Landeswährungen und eine inoffizielle Währung im Umlauf.
Französischer Franc (FF):
St. Martin, St. Barthélemy, Marie Galante, Guadeloupe, Îles des Saintes, Martinique
East Caribbean Dollar (EC-$):
Anguilla, St. Kitts, Nevis, Antigua, Dominica, St. Lucia, St. Vincent mit den Grenadinen und Grenada
Antillean Guilder (NAF):
St. Maarten, Saba, Statia
Barbadian Dollar (BDS-$):
Barbados

Die inoffizielle Währung ist auf der gesamten Inselkette der US-Dollar, der überall akzeptiert wird. Der EC-$ ist mit einem Faktor von 2,67 fest an den US-$ gekoppelt. Der NAF (Guilder) ist wenig im Umlauf, die Kassen in den Supermärkten auf St. Maarten sind auf US-$ programmiert.

Die gängigen Kreditkarten werden fast überall akzeptiert. Eurocheques dagegen sind in der gesamten Karibik Exoten.

Gesundheit
Besonders auf den kleinen Inseln im Antillenbogen ist die medizinische Versorgung gemessen an europäischem Standard schlecht. Vielerorts fehlt es an qualifiziertem Personal, und die technische Ausrüstung in den Krankenhäusern und Arztpraxen ist überaltert. Eine Ausnahme bilden die Inseln Puerto Rico, St. Thomas, Guadeloupe, Martinique und Barbados, wo der medizinische Standard vorbildlich ist.

Die folgenden Informationen und Empfehlungen beruhen auf über 25 Jahren Erfahrung in diesem Bereich, sie sollten jedoch keinesfalls eine individuelle reisemedizinische Beratung ersetzen.

● Für Reisende unmittelbar aus Europa kommend sind Impfungen nicht vorgeschrieben, eine Schutzimpfung gegen Hepatitis A wird allerdings für alle Inseln empfohlen.

● Reisende, die zu Hause regelmäßig Medikamente einnehmen, sollten mit ihrem Arzt die notwendige Menge der mitzuführenden Arzneimittel und die Angleichung an die Zeitverschiebung abstimmen.

● Die meisten Gesundheitsprobleme treten auf durch hygienisch nicht einwandfreies Trinkwasser und verdorbene Nahrungsmittel, insbesondere Fisch.

● Die Hygienestandards auf den einzelnen Inseln sind sehr unterschiedlich, als bedenklich stufe ich nicht durchgegarte Fleisch-, Fisch- und Eiergerichte ein sowie Salate, nicht schälbares Obst, besonders Erdbeeren, rohe Muscheln (Lambi) und Milchprodukte.

Gefährlich ist der Genuß von Leitungswasser und Wasser aus den Schiffstanks, selbst zum Zähneputzen. Ferner sind zu meiden Eiswürfel in Getränken und Fische, die innerhalb von Riffzonen gefangen wurden (Ciguatera). Einwandfreies Trinkwasser gibt es in Flaschen abgefüllt in Supermärkten und Marinas.

● Eine große Gefahr für uns Mitteleuropäer sind in der Karibik die Ultraviolettstrahlen der Sonne. Besonders auf See, wo ständig eine frische Brise weht, merkt man den Sonnenbrand erst, wenn es zu spät ist. Vorbeugend sollte man in den ersten Tagen unbedeckte Körperstellen nicht länger als 15 bis 20 Minuten der direkten Sonneneinstrahlung aussetzen und je nach Hauttyp mehrfach täglich Sonnenschutzcreme mit hohem Lichtschutzfaktor auftragen.

Kriminalität
Yachtkriminalität mit dem Schiff als Transportmittel für Drogen oder Diebstähle an Bord gibt es fast überall auf der Welt, im Mittelmeer und natürlich auch in der Karibik. Abgesehen haben es Diebe besonders auf Beiboote, Außenborder, Wertgegenstände und Bargeld. Deshalb sollte man generell Beiboote anketten, bei Abwesenheit Luken verschlossen halten und Bargeld, Paß und Kreditkarten mit an Land nehmen. Wer auf Nummer Sicher gehen will, ankert nicht alleine.

Zeitzone
In der östlichen Karibik gilt die Atlantic Standard Time, MEZ minus 5 Stunden, in der europäischen Sommerzeit MESZ minus 6 Stunden.

Diplomatische Vertretungen
Puerto Rico
D-Honorarkonsul
Otto Egon Schwarz
San Juan, Tel./Fax 755-8228
Ö-Honorarkonsulat
Condado S. Juan
Tel. 722-2136 / 725-6878
CH-Honorarkonsulat San Juan
Tel. 721-2233
Antigua
D-Honorarkonsul Carsten Biel
Tel. 462-3174
Für Österreicher und Schweizer sind die Vertretungen in Venezuela zuständig.
Österreichische Botschaft
Ave. La Estancia Chuano,
Caracas, Tel. 913863
Schweizer Botschaft
Ave. Francisco 6.
Campo-Alegre Caracas
Tel. 9514064
Martinique
D-Konsulat, Acajo
Tel. 503756 / 353839
St. Lucia
D-Honorarkonsul
Lennox Alric Cave
Manoel Str. 6, Castries
Tel. 542-2511
St. Vincent
D-Honorarkonsulin
Gisela Bacombe
Indian Bay
Tel. 628-1630
Barbados
D-Honorarkonsul
Peter Lehmann
Bridgetown, Tel. 427-1876
Ö-Honorarkonsul
Richard Cunningham
Bridgetown, Tel. 436-6960

Fremdenverkehrsämter
Antigua & Barbuda
Department of Tourism
Thomasstr. 11
61348 Bad Homburg
Tel. 06172/21504
Barbados Tourism Authority
Neue Mainzer Str. 22
60311 Frankfurt
Tel. 069/24269630
Französisches Fremdenverkehrsamt
(Französische Antillen)
Westendstr. 47
60325 Frankfurt
Tel. 069/756083-0
St. Lucia Tourist Board
Postfach 2304
61293 Bad Homburg
Tel. 06172/302324
Touristik-Büro St. Vincent and the Grenadines
Wurmbergerstr. 26
71063 Sindelfingen
Tel. 07031/806260
Turks and Caicos Islands
Tourist Board
The West India Committee
Lomerstr. 26
22047 Hamburg
Tel. 040/6958846
Fremdenverkehrsbüro U.S. Virgin Islands
Herzogspitalstr. 5
80331 München
Tel. 089/23 66 21 44
British Virgin Islands
Tourist Office
Wallstr. 56
40878 Ratingen
Tel. 02102/71 11 83
Guadeloupe Fremdenverkehrsamt
Bethmannstr. 58
60311 Frankfurt/M.
Tel. 069/283315

Törnführer, Handbücher
- Bernhard Bartholmes, Segeln in der Karibik 1: Martinique – Grenada. Edition Maritim Hamburg
- Bernhard Bartholmes, Segeln in der Karibik 2: Anguilla – Dominica. Edition Maritim Hamburg
- Bernhard Bartholmes, Segeln in der Karibik 3: Virgin Islands. Edition Maritim Hamburg
- Donald M. Street Jr., Street's Cruising Guide to the Eastern Caribbean. W. W. Norton & Company New York/London
- Reed's Nautical Almanac. New Malden/Surrey (erscheint jährlich)
- Chris Doyle, Sailor's Guid to the Windward Islands. Clearwater/Florida
- Yachtman's Guide to the Virgin Islands. Tropic Isle Publishers

REGISTER